Couvertúres supérieure et inférieure
manquantes

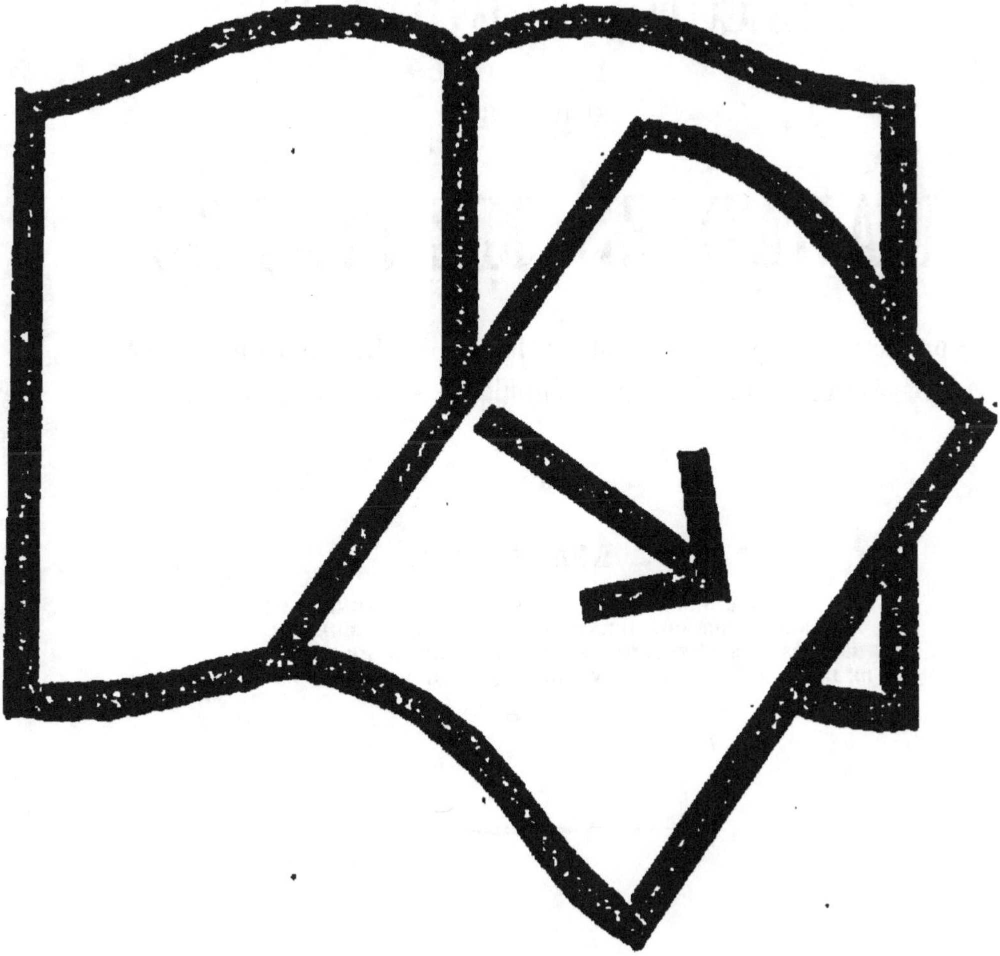

PUBLICATIONS DU *PROGRÈS MÉDICAL*

LEÇONS CLINIQUES

SUR LES

MALADIES MENTALES

Considérations générales sur la folie. — Les Héréditaires ou Dégénérés. — Les Délirants Chroniques. — Les Intermittents.

PAR

V. MAGNAN

MÉDECIN EN CHEF A L'ASILE SAINTE-ANNE
ANCIEN VICE-PRÉSIDENT DE LA SOCIÉTÉ DE BIOLOGIE
LAURÉAT DE L'INSTITUT ET DE L'ACADÉMIE DE MÉDECINE
MEMBRE DE LA SOCIÉTÉ MÉDICO-PSYCHOLOGIQUE DE PARIS ET DE PÉTERSBOURG

PARIS

AUX BUREAUX DU
PROGRÈS MÉDICAL
14, rue des Carmes, 14

A. DELAHAYE & E. LECROSNIER
ÉDITEURS
Place de l'École de Médecine,

1887

LEÇONS CLINIQUES

SUR LES

MALADIES MENTALES

Considérations générales sur la folie. — Les Héréditaires ou Dégénérés. — Les Délirants Chroniques. — Les Intermittents.

Depuis quelques années, Messieurs, un véritable réveil se fait dans les esprits en ce qui touche l'aliénation mentale. Les psychiâtres de tous les pays interrogent, discutent et semblent chercher leur orientation. Partout on reconnait la nécessité de s'entendre et ce besoin de se mettre d'accord est justifié, non seulement par la diversité des nomenclatures, par la multiplicité des classifications, mais aussi par les dissidences sur la terminologie elle-même ; le même mot, le même terme a des significations différentes non seulement d'un pays à l'autre, ce que les différences de langue pourraient expliquer et excuser, mais dans le même pays. Mendel, dans son traité sur la manie, rappelle qu'au Congrès des médecins aliénistes allemands, tenu à Wiesbaden en 1873, on n'est pas parvenu à s'entendre sur la signification précise du mot manie ; le même désaccord persiste dans les ouvrages récents de Schüle et de Krafft Ebing. Chez nous, du reste, cette année, la discussion sur la folie héréditaire, au sein de la Société médico-psychologique, a failli donner le même spectacle. Toutefois, une entente commune est réclamée par le plus grand nombre. Au milieu de ces tendances louables, on voit bien encore quelques retardataires, quelques partisans des monomanies, des folies diathésiques, des folies tuberculeuses, cancéreuses, rhumatismales, etc., mais ils ont beau présenter des variations brillantes sur ces thèmes discrédités, leur voix reste sans écho. C'est, qu'en effet, Messieurs, on a compris que les théories ne doivent occuper que le second rang dans l'étude des maladies, qu'elles n'ont de valeur que tout autant qu'elles reposent sur l'observation directe du malade et que la clinique est le seul terrain de conciliation sur lequel les opinions puissent, avec succès, se donner rendez-vous.

Les débats ouverts devant la Société médico-psychologique sur la folie héréditaire, m'obligent à revenir sur quelques points qu'il s'agit de fixer d'une manière plus précise.

La question posée par M. Falret, dans les termes suivants : Des signes physiques intellectuels et moraux de la folie héréditaire, a été, dès le début, envisagée à deux points de vue, *clinique* et *étiologique*. Tandis que la plupart des membres de la Société se sont trouvés d'accord pour admettre l'existence d'un groupe de malades répondant aux caractères généraux que nous avons indiqués (état mental, déséquilibration ; obsessions, impulsions, phénomènes d'arrêt ou inhibitoires ; délire d'emblée) ; des attaques très vives ont été adressées au côté étiologique. M. Falret, partisan décidé des idées de Morel, admet l'origine héréditaire de cette forme de folie et la désigne sous le nom de folie héréditaire.

Vous connaissez, Messieurs, la doctrine de Morel. Le fait général pour lui est la transmission des affections mentales par aggravation progressive de la maladie chez les descendants. Ainsi des ascendants se faisant remarquer par l'exagération du tempérament nerveux, donnent le jour à des hystériques, des épileptiques, des hypochondriaques (à des sujets atteints de grandes névroses). Ceux-ci, les hystériques, les épileptiques, les hypochondriaques, procréeront des aliénés, ces derniers auront pour descendants des imbéciles, des idiots, lesquels, en dernière analyse (*natura medicatrix*), sont frappés de stérilité. Telle est la conception originale et vraie, on doit le reconnaître dans beaucoup de cas, qui a permis à Morel d'établir ses aliénations ou folies héréditaires. MM. Cotard, Christian, Bouchereau, font remarquer d'abord, ce que, du reste, nous avions indiqué nous-même, que l'hérédité domine la folie tout entière, et que l'expression *héréditaire* qui pourrait, à la rigueur être attribuée à toutes les formes de la folie, est mal choisie pour désigner l'une d'elles, lors même que l'influence héréditaire serait plus accusée dans celle-ci, ce qui, d'après eux, n'est pas démontré. D'autre part, ils ont rappelé des cas dans lesquels, en l'absence d'antécédents héréditaires, les individus ont présenté tous les attributs de la folie dite héréditaire; voilà donc, disent-ils, des *héréditaires sans hérédité*. Vous le voyez, c'était, passez-moi l'expression, un coup droit porté à la doctrine de Morel.

Quant à nous, nous acceptons volontiers l'expression de folie des héréditaires, en ajoutant, toutefois, ou *dégénérés*, ce qui concilie toutes les opinions. Il faut, je crois, conserver cette expression, folie héréditaire, puisque c'est sous ce nom que des travaux importants ont déjà été publiés sur le groupe de malades dont nous nous occupons.

En second lieu, il faut bien le reconnaître, dans cette folie des héréditaires ou des dégénérés, l'hérédité est le facteur principal, et je n'entends pas parler simplement de l'apparition du dissemblable, c'est-à-dire de la forme progressive ou transformée de Morel, mais aussi de la forme similaire. On trouve, en effet, plus souvent qu'on ne paraît le croire, l'hérédité similaire, et notamment l'hérédité de ces phénomènes étranges, des syndromes épisodiques qui en sont les véritables *stigmates psychiques*.

J'ai eu l'occasion de vous parler, l'année dernière, d'une onomatomane atteinte aussi de délire du toucher, dont le père avait été longtemps préoccupé par la recherche du mot; dans certaines circonstances, l'angoisse était si grande chez lui que la mère et la fille répétaient des mots ou bien lisaient un dictionnaire jusqu'à la rencontre du mot que l'on cherchait, et la famille ne pouvait se coucher qu'après la découverte de ce mot.

Je vous avais signalé également la manie du discours nocturne chez un père, transmise directement à la fille, qui, dans les moments de crise, supplie et oblige son mari de l'écouter, quelquefois de neuf heures du soir jusqu'à trois ou quatre heures du matin.

Quelques-uns d'entre vous ont vu dans le service un employé de commerce, âgé de 28 ans, atteint *d'oniomanie*, c'est-à-dire de l'impulsion à acheter. Dans son enfance, il était d'une prodigalité sans égale; à vingt ans, l'impulsion aux achats devint irrésistible. Il achetait sans raison, plusieurs pièces de toile, des bijoux, des meubles, épuisant ainsi son capital, mais ne s'arrêtant pas. Il engageait les objets achetés au Mont-de-Piété, les dégageait ensuite et les rengageait plusieurs fois. Au marché, après avoir fait les acquisitions nécessaires, il lui était impossible de s'arrêter; c'était des multitudes de volailles, des sacs de légumes, toute sorte de provisions; il en achetait de quoi remplir une voiture; il était toujours obligé de se faire aider pour transporter des provisions qui n'étaient destinées qu'à deux personnes. Pour les écouler, il lançait alors de nombreuses invitations. D'autres fois, il rentrait chargé de meubles. Pour peu qu'il s'arrêtât devant une boutique, il était victime de l'impulsion. « C'était irrésistible, dit-il, je ne pouvais me raisonner, je me désolais, mais j'étais le moins fort. » En dernier lieu, il avait fini par des actes de filouterie pour satisfaire son besoin irrésistible d'acheter. Le père était également déséquilibré et oniomano. Il achetait sans cesse toute espèce d'objets qu'il collectionnait, qu'il revendait aussitôt ou qu'il donnait (meubles, aliments, bijoux, etc.). Enfin la grand'mère paternelle, soignée pendant plusieurs, années à l'asile de Bonneval, était oniomane. Elle achetait constamment et considérablement, au point qu'on fut obligé de régler ses dépenses. Elle achetait et jetait ce qu'elle achetait. Les ouvriers avaient remarqué l'heure où, chaque jour, elle se débarrassait de ses achats et recueillaient ses rebuts : poulets, poissons entiers, légumes, etc. S'apercevant un jour qu'on ramassait ce qu'elle jetait, elle s'en débarrassa désormais en le jetant dans les fosses d'aisances. Vous trouverez de nombreux détails sur cette observation dans l'excellente thèse de M. Legrain, sur le délire chez les dégénérés.

Un autre malade, un anomal sexuel, entré, à la suite d'un vol de chemise, à un séchoir, ne peut résister à l'attrait qu'a pour lui l'étalage d'une chemise de femme. Il doit s'emparer de ce linge coûte que coûte. Il s'en revêt et éprouve ainsi les sensations les plus voluptueuses; il couche avec une chemise de femme et s'il avait à choisir entre la chemise et la plus belle femme, sans hésitation, il préférerait la chemise. Il est marié et sa femme l'a surpris se livrant à l'onanisme dans une chemise de femme. Il a déjà été condamné deux fois pour vol de chemises de femme. La mère de ce malade, qui rappelle le fameux amoureux de tabliers blancs, ne pouvait, de son côté, voir flotter un ruban rouge sans être poussée à le saisir. Elle était très anxieuse le jour du tirage au sort, à la vue des jeunes conscrits portant à leur chapeau des rubans rouges ; elle les suivait, les suppliait de les lui laisser prendre et s'en emparait dès qu'elle le pouvait.

Nous examinerons ensemble, aujourd'hui, un employé d'administration âgé de quarante ans, affecté de tics de la face, ayant longtemps offert des alternatives d'exaltation et de dépression, et présentant aujourd'hui de l'agoraphobie, du doute et la crainte du toucher. Sa mère, atteinte de paralysie agitante, offre également le délire du toucher avec la crainte du contact du cuivre, des monnaies, du chien ; sous l'influence de ces préoccupations, elle se livre à des lavages réitérés.

Vous verrez dans le service une fille de dix ans sujette aux rires involontaires, poussée à l'onanisme malgré les efforts réels de sa part pour résister ; elle présente des tendances au suicide. Sa mère a des rires et des pleurs involontaires ; elle est obsédée par la crainte du feu ; elle est poussée irrésistiblement à écrire sans pouvoir se retenir, des heures entières, des discours sans suite ; elle a fait sans motif deux tentatives de suicide. Morel, que ces transmissions similaires ont peu frappé, en relate cependant quelques exemples. Je rappellerai un de ces cas. Il s'agit d'une malade ayant la crainte du toucher et en particulier la crainte des animaux. « Entendre, même de loin, les aboiements d'un chien, suffit pour la mettre hors d'elle ; mais la vue d'un chien ou d'un chat lui donne à l'instant des attaques de nerfs. « Elle ne caresserait pas un de ces animaux pour un empire. » Et plus loin, Morel ajoute : « Elle m'apprit que son père, qui était mort depuis dix ans, dans un état d'enfance, avait *l'humeur noire*, qu'il tombait, par intervalles, dans une espèce de torpeur, qui durait plusieurs mois, et qu'alors il suivait sa femme comme un grand enfant, s'attachant à quelques parties de ses vêtements, absolument comme elle faisait vis-à-vis de son mari ; qu'il avait, en outre, ainsi qu'elle, une peur excessive du chien et du chat. » Voilà donc un syndrome : la crainte du chien et du chat, nettement dessinée chez le père et la fille. Peut-on contester ces transmissions héréditaires avec, si j'osais dire, des marques de fabrique aussi caractéristiques. La démonstration est péremptoire.

Dans son argumentation, M. Cotard a particulièrement insisté sur l'influence des maladies développées dans l'enfance; j'ai déjà eu l'occasion de vous parler de l'influence active chez quelques sujets, des affections fébriles, de la fièvre typhoïde, des fièvres éruptives; parfois ces affections modifient complètement l'état mental des jeunes malades, et on le comprend aisément si l'on s'en rapporte aux travaux de Fritz (*symptômes spinaux dans la fièvre typhoïde*, 1863), de MM. Roger et Damaschino (*Recherches anatomo-pathologiques sur la paralysie spinale de l'enfance*, 1874), de Westphal et de Vulpian sur les lésions médullaires dans la variole et de M. Landouzy (*Des paralysies dans les maladies aiguës*, 1886), qui note les tendances des akinésies à prendre, chez les enfants, la forme hémiplégique ou cérébrale. M. Cotard suppose que c'est surtout au début précoce des accidents qu'est due la production de la dégénérescence, l'hérédité étant réduite à son rôle étiologique général, et, pour mieux faire comprendre sa pensée, il rappelle que l'adulte devenant sourd, n'offre pas d'autres phénomènes que sa monopathie sensorielle, tandis que si la surdité frappe un jeune enfant, celui-ci devient sourd-muet; la même cause, la surdité, a présenté, suivant l'âge, des conséquences bien différentes. M. Cotard vise particulièrement les stigmates physiques, mais son raisonnement ne saurait s'appliquer aux stigmates psychiques, car, dès la première enfance, avant que toute éducation ait pu modifier ces jeunes sujets, ils se présentent avec des obsessions, des impulsions, des perversions sexuelles, un trouble fonctionnel, en un mot, que rien en dehors de l'influence héréditaire ne peut expliquer. Chez l'un de ces sujets, en effet, vous le savez, nous avons vu, dès quatre ou cinq ans, le souvenir de la tête ridée de la vieille femme ou de son bonnet de nuit, provoquer l'érection; une autre fois, c'est une impulsion irrésistible à l'incendie, au vol, c'est la crainte du toucher, etc.

Il faut donc admettre autre chose qu'une évolution spéciale d'une lésion organique survenue dans le bas âge, et l'on est forcé de remonter à une disposition particulière ayant des racines jusqu'aux ascendants.

M. Christian, de son côté, est entré dans des considérations fort intéressantes sur l'influence des conditions biopathologiques des parents, au moment de la conception.

Enfin M. Bouchereau a insisté pour la production des dégénérescences, sur l'action puissante des maladies développées pendant la vie fœtale.

En résumant les diverses opinions émises sur l'étiologie des dégénérescences mentales, on voit que la question a été étudiée sous tous ses aspects.

Pour M. Falret, c'est l'influence héréditaire des ascendants dont il faut tenir compte. M. Christian a attiré plus particulièrement l'attention sur l'état des parents au moment de la conception ; M. Bouchereau insiste sur les maladies de la grossesse ; enfin M. Cotard incrimine les maladies du jeune âge. Pour notre part, nous reconnaissons l'existence de toutes ces causes, mais nous ne pouvons nous empêcher d'attribuer la plus large part aux influences héréditaires. Tels sont, contre la dénomination d'héréditaires, les principaux arguments qui tombent par l'adjonction du mot dégénérés.

Avant de passer aux critiques de détail adressées par M. Falret à la folie des héréditaires ou dégénérés, tel que nous l'avons constitué, il est nécessaire de relever quelques erreurs de la doctrine de Morel, erreurs qui semblent avoir pesé sur l'argumentation de M. Falret. Nous devons beaucoup à Morel pour l'étude des héréditaires, mais, il faut bien le reconnaître, ce maître distingué s'est mis, sur plusieurs points, en désaccord avec la clinique. Ainsi Morel a créé le délire émotif à titre de maladie distincte avec des éléments propres à la folie des dégénérés. Ses observations sont des plus démonstratives sous ce rapport, et toutes se rangent, sans le moindre effort, dans le cadre de la folie des dégénérés. D'autre part, peut-on admettre comme forme indépendante sa folie hypochondriaque, qu'il place à côté des folies épileptique et hystérique, considérant l'hypochondrie comme une névrose traitée sur le même pied que l'épilepsie et l'hystérie. Or, les hypochondriaques de Morel ne sont, pour la plupart, que des héréditaires dégénérés ou des délirants chroniques. Le délire hypochondriaque est une des formes délirantes de notre groupe et s'ajoute aux autres délires, ambitieux, mélancolique, mystique, érotique, etc., affectant, d'ailleurs, les mêmes caractères que ces derniers, au point de vue du mode d'apparition et de la marche.

Voici un exemple instructif sous ce rapport :

J'ai eu, il y a quelques jours, l'occasion d'observer une jeune dame qui m'a été adressée par M. Mierzejewsky, le savant professeur de la Faculté de Pétersbourg. Très émotive, elle raconte que, depuis quelque temps, après la triste nouvelle de la mort *subite* d'un ami dont la santé paraissait excellente, elle s'est figurée qu'à son tour elle mourrait subitement ; elle s'est crue affectée de tænia et a fait un traitement approprié contre ce parasite imaginaire. Elle a fouillé dans des livres de médecine et elle a bâti à son usage des théories plus ou moins étranges ; elle est très préoccupée surtout de s'assurer la régularité des battements de l'*artère du sommeil*, c'est une artère pleine de vigilance, située à côté du cou et dont le libre jeu est la seule garantie de la vie. Sous l'influence de ces préoccupations hypochondriaques le sommeil est troublé, la malade est triste et, par moments, saisie de peur, en proie à de vives inquiétudes, elle est prise de violentes palpitations. Voilà les phénomènes saillants, ceux dont parle la famille disposée à ne pas voir autre chose et répondant par la négative aux autres questions du médecin. Toutefois, en insistant, on parvient à reconstituer une histoire pathologique non dénuée d'intérêt. Notre interrogatoire sur les antécédents héréditaires éveillant certaines susceptibilités, nous avons dû glisser rapidement, notant toutefois que le père, beaucoup plus âgé que la mère, était affecté d'un tic de la tête assez significatif.

Quant à la malade, dès l'âge de douze ans, elle s'est montrée méticuleuse, scrupuleuse ; elle habitait une grande propriété à la campagne et donnait parfois aux paysans du voisinage des conseils qu'elle puisait dans un livre d'homœopathie. Quand ses clients guérissaient tout allait bien, mais dès que la maladie se prolongeait notre jeune homœopathe s'inquiétait, se reprochait d'avoir mal soigné ses malades et s'attribuait tous les phénomènes fâcheux qui survenaient ; on s'en remettait alors à un médecin pour les soins ultérieurs. Vers cette époque aussi, elle commença à se poser de grands problèmes de métaphysique ; elle s'interroge sur l'origine du monde, sur Dieu, sur la Trinité, sur Jésus-Christ, etc. Dans ces interrogations monotones, nombreuses et fatigantes, si elle ne trouve pas une solution un peu satisfaisante, elle s'irrite, s'angoisse, se désespère, elle se sent oppressée, le cœur bat avec force et elle craint de se trouver mal. Ce n'est pas tout : un peu plus tard, apparaît l'obsession des mots injurieux ou malfaisants. Ce sont des mots tels que *cochon, Dieu, diable, maudit.* Ils viennent la troubler subitement dans tous les actes de sa vie et dernièrement le mot *cochon* s'impose à son esprit pendant que le matin elle mangeait un morceau de pain bénit ; très superstitieuse, elle en est fortement émue et redoute un malheur. Elle en est encore vivement impressionnée et, au milieu de son récit, ses yeux se remplissent de larmes. Elle éprouve quelques troubles de la sensibilité générale, de la pesanteur sur le front, de la gêne entre les deux yeux, une tension pénible de tout le haut du visage. Telle est notre malade hypochondriaque que la déséquilibration mentale et les stigmates psychiques (folie du doute et onomatomanie) rangent, sans conteste, dans le groupe des héréditaires ou dégénérés.

C'est en cédant à des considérations analogues à celles que nous venons de critiquer que M. Falret a cru devoir présenter quelques objections, d'ailleurs secondaires, à la constitution de notre groupe des héréditaires ou dégénérés. M. Falret suppose que j'en étends trop les limites ; il voudrait laisser en dehors quelques anormaux qui ne pèchent que par quelques bizarreries de caractère. Il s'agit de serrer de près la question et de voir ce que sont ces névropathes, ces émotifs, ces hypochondriaques, en un mot, ces anormaux cantonnés par certains médecins sur les frontières de la folie ; si ces sujets, en effet, présentent des caractères analogues à ceux des dégénérés réputés aliénés, pourquoi ne les rangerions-nous pas dans le même groupe ? Voyons des exemples : Un déséquilibré vit dans la société, gère ses affaires, occupe une situation plus ou moins importante et, en dehors de sa famille et de ses intimes, personne ne soupçonne sa déséquilibration mentale ; on sait toutefois que par moments, cet homme a la singulière manie de prononcer, en dehors du courant de ces idées, certains mots grossiers ou non, peu importe, il a conscience de la bizarrerie de ces étranges apostrophes, il sait qu'il a tort d'agir ainsi, mais il est obligé de céder à ce besoin irrésistible de projeter au dehors l'image tonale qui, analogue à la décharge électrique, s'échappe du centre cortical. Pour le public, c'est un original et pour beaucoup de médecins un simple prédisposé, et cependant y a-t-il, au point de vue de la nature de la maladie, une différence avec cet autre déséquilibré qui, lui, n'a pas un mot à projeter au dehors, mais bien un choc et qui, sans nul motif, est poussé à porter un coup violent sur le passant inoffensif placé devant lui ?

Un jeune homme de vingt ans nous en fournira aujourd'hui même un exemple ; nous verrons aussi une malade qui subitement, irrésistiblement, sans nul motif, jette à terre ce qu'elle tient dans sa main ou qui se trouve à sa portée. C'est ainsi qu'elle a failli tuer son enfant qu'elle tenait dans ses bras et que subitement, irrésistiblement, elle a jeté à terre.

Celui qui donne un coup n'est plus regardé comme un original, c'est un aliéné dangereux et cependant le trouble fonctionnel n'est-il pas le même? Que se passe-t-il là, en effet, n'est-ce pas encore un besoin irrésistible de mouvement, une décharge d'un centre en état d'éréthisme? Dans les deux cas il y a d'abord lutte, résistance, mais peu à peu le centre surexcité s'émancipe, échappe à l'action modératrice des centres supérieurs, c'est-à-dire à la volonté. Le sujet qui prononce le mot malgré lui, celui qui frappe malgré lui, sont pour le clinicien des malades du même groupe. La nature du phénomène est la même, les conséquences de l'acte seules diffèrent.

Poursuivons : Le déséquilibré qui, ne trouvant pas un mot s'inquiète, se lamente, s'angoisse, se sent oppressé jusqu'au moment où il parvient à procurer à son centre cortical l'image tonale désirée; ce sujet n'est-il pas le même que le dipsomane qui s'attriste, s'excite, s'exaspère tant qu'il ne peut satisfaire le besoin impérieux de boire? Qu'y a-t-il dans les deux cas, sinon un effort irrésistible pour reproduire une sensation appropriée à un centre déterminé? Il n'y a donc pas de motif pour séparer ces différents malades, pour exclure ces prétendus prédisposés du cadre des héréditaires ou dégénérés. D'autre part, si je fais entrer dans le cadre de la folie des héréditaires ou des dégénérés, l'idiotie, l'imbécilité, la débilité mentale, c'est-à-dire si je suis par gradations successives la gamme intellectuelle dans ces différentes dégénérescences, c'est pour mieux comprendre l'état mental des héréditaires qui sont les dégénérés les plus élevés dans l'échelle mentale. Ce n'est d'ailleurs que par cette étude comparative que l'on parvient à se bien pénétrer de la désharmonie des facultés, du défaut d'équilibre du moral et du caractère.

En second lieu, M. Falret pense qu'en dehors même

de ces prétendus prédisposés, je comprends à tort dans le groupe des héréditaires ou des dégénérés, des états pathologiques considérés jusqu'ici comme des maladies distinctes. C'est, au contraire, le principal avantage de l'étude synthétique des héréditaires ou dégénérés que de pouvoir réunir dans un même cadre des syndromes de manifestations différentes, il est vrai, mais émanant tous de ce même fonds, de la déséquilibration mentale, si caractéristique de l'héréditaire. C'est parce que le mécanisme cérébro-spinal se trouve faussé d'une certaine manière, que peuvent se produire tous ces phénomènes si bizarres que j'ai désignés sous le nom de syndromes épisodiques, et qui se résument en obsessions, en impulsions, en phénomènes d'arrêt, en phénomènes *inhibitoires* dont l'aboulie nous fournit des exemples. Ces syndromes ne se développent que chez les seuls dégénérés ; ils méritent d'être considérés comme les stigmates psychiques de la folie des héréditaires. D'ailleurs, la clinique se charge elle-même de démontrer que ces syndromes sont bien des phénomènes du même ordre, puisqu'on les voit en plus ou moins grand nombre réunis chez le même sujet et qu'il est rare de trouver des malades qui n'en présentent qu'un seul.

Nous avons encore dans le service, mais très améliorée, une malade que nous avons examinée l'année dernière et dont l'axe cérébro-spinal est déséquilibré en son entier. Cette femme perd par moments, tout en restant consciente, la libre direction de ses mouvements. Tantôt c'est un mouvement limité d'un membre, d'autres fois, ce sont des mouvements combinés, tels que le frottement d'une main contre l'autre, la marche en avant, sans pouvoir s'arrêter. La moelle est donc émancipée et n'obéit plus à l'influence psycho-motrice. Puis ce sont des rires, des pleurs involontaires, sans nul rapport avec l'état cénesthétique du sujet, traduisant ainsi l'action indépendante de la protubérance. Dans d'autres moments, elle prononce des mots qu'elle ne voudrait pas dire, si elle essaye de résister, elle éprouve du malaise, elle est angoissée, elle se sent suffoquée ; quelquefois, elle se retire dans un lieu écarté, et, une fois seule, elle prononce le mot et se sent soulagée ; quoi qu'il en soit, les images tonales échappent à l'action volontaire et dénotent l'indépendance des centres corticaux postérieurs. Enfin, dans quelques circonstances, ce n'est pas un mot, mais tout un discours qu'elle est forcée malgré elle de prononcer, ou bien encore des chants involontaires, manifestant ainsi la déséquilibration des centres cérébraux antérieurs. Ce n'est pas tout, parfois elle est poussée à frapper un inconnu, un ami, un parent, elle résiste, s'isole, demande à être enfermée dans une chambre, restant quelquefois très longtemps sous le coup d'une décharge de la région psycho-motrice. D'autres fois encore ce sont des phénomènes *inhibitoires*, des phénomènes d'arrêt qui se produisent ; debout, la malade ne peut plus s'asseoir, ou bien assise, elle ne peut plus se lever. Elle offre encore, vous vous le rappelez, des perversions sexuelles, qui en font successivement une *spinale*, une *spino-cérébrale postérieure* et une *spino-cérébrale antérieure*. Telle est cette série de syndromes épisodiques, différant les uns des autres, mais se trouvant tous, ainsi que nous l'avons déjà indiqué, sous la dépendance étroite de la déséquilibration du système cérébro-spinal.

Une autre malade, que nous examinerons aujourd'hui, âgée de 69 ans, s'est vue en proie, à diverses périodes de sa vie, à des impulsions suicides, à des impulsions homicides ; elle a été obsédée par l'idée du nombre et elle comptait les fenêtres d'une maison, les carreaux d'une fenêtre, elle suivait une série très longue de nombres pairs. Enfin sous le coup de perversions sexuelles, s'introduit des serviettes dans le vagin pour se livrer à l'onanisme. Ces faits, de multiplicité de syndromes chez le même sujet, ne sont pas rares aujourd'hui, où les observations sont plus complètes, et il est même exceptionnel de voir un dégénéré réduit à un seul de ces stigmates psychiques. Vous consulterez avec fruit, sous ce rapport et aussi pour les questions générales que je n'ai fait qu'ébaucher, le mémoire, couronné par la Société médico-psychologique, de M. Saury, sur la folie des héréditaires, et la thèse de M. Legrain, dont je vous ai déjà parlé, sur le délire chez les dégénérés. L'examen des malades, que nous allons faire ensemble, fixera dans votre esprit quelques-uns des points les plus importants de cette étude clinique.

OBSERV. I. — *Dégénérescence mentale. — Fugues. — Impulsions au suicide et à l'homicide. — Peur de l'eau. — Arithmomanie. — Perversions sexuelles.*

Mme C..., âgée de 69 ans, est entrée le 30 septembre de cette année, au Bureau d'admission. Elle a toujours été bizarre, et d'une mobilité d'esprit extraordinaire pendant toute sa vie, et surtout depuis une quarantaine d'années elle a présenté une série d'obsessions et d'impulsions dont voici brièvement l'histoire : Vers l'âge de 12 ou 14 ans, elle fait une série de fugues, absolument non motivées. Elle avait un besoin irrésistible de mouvement. Depuis quelques années, même mobilité. Mme C... vit chez l'un ou chez l'autre, en vraie nomade, sans pouvoir se fixer nulle part. Il y a 45 ans, à la suite d'une couche, apparaît l'obsession du suicide, sans aucune idée préconçue, sans qu'elle sût pourquoi. Ces mêmes obsessions sont revenues par la suite d'une manière assez intermittente, mais toujours avec un caractère absolu d'irrésistibilité. Elle est partie plusieurs fois de chez elle pour se jeter à l'eau, tout en se disant : « Comme c'est absurde cette idée-là ! » Cette obsession du suicide a engendré un autre syndrôme : la *terreur de l'eau.* Depuis 40 ans, la malade n'avait pas pris de bain, parce qu'elle avait peur de s'y noyer. C'est une idée qui l'obsède. Depuis quelque temps, des impulsions homicides ont apparu. Mme C... a peur de tuer ses enfants ou d'autres personnes, et soigneusement, elle enferme les couteaux pour éviter de faire un malheur, si elle venait à manquer de force pour résister à l'impulsion. Pendant toute sa vie, elle a encore été poussée irrésistiblement à compter mentalement toute espèce d'objets. « C'est pour me distraire, » dit-elle ; mais il n'en est pas moins vrai qu'elle est absolument incapable de s'en empêcher quand cette idée intervient. Enfin, il y a eu des impulsions dans la sphère génitale. Mme C..., âgée de 69 ans, ressent depuis 5 ou 6 ans un appétit génital instinctif, qu'elle ne peut réprimer et dont elle souffre très fort moralement. Quand l'excitation survient, elle s'onanise, et s'introduit une serviette dans le vagin. « C'est plus fort que moi, dit-elle, après je le regrette. » La mère de Mme C... était complètement désiquilibrée ; son père, quoique cultivé, s'adonnait à la boisson ; son frère est déséquilibré, exalté et buveur. Elle a eu neuf enfants tous mal équilibrés, mobiles comme elle, l'un d'eux est faible d'esprit, *épileptique*, et d'une moralité douteuse.

OBSERV. II. — *Débilité mentale.* — *Impulsions à jeter : jette son enfant à terre.*

G..., Berthe, âgée de 28 ans, entre à l'Admission, le 17 juin 1886.

C'est une faible d'esprit, présentant une légère asymétrie faciale. Elle a toujours blésé en parlant, mais depuis six ans surtout, elle bredouille, parle très vite, répète des mots inutilement dans le discours ; on la comprend difficilement, et l'on est obligé souvent de l'inviter à répéter certains mots. Trois ans avant son entrée, elle présentait des impulsions fréquentes sur lesquelles son amant a donné quelques renseignements, mais qui n'a rien pu nous dire au sujet des antécédents héréditaires de la malade. Les seuls actes maladifs présentés par celle-ci, sont relatifs à l'impulsion à lancer ou à jeter un objet qu'elle tient à la main, ou qu'elle prend à côté d'elle. Ces impulsions n'existent pas constamment, elles naissent subitement, sans qu'aucune cause apparente préexiste. Tout à coup, on voit la malade, qui un instant auparavant était calme, lancer à terre un objet quelconque ; puis tout rentre dans l'ordre ; la malade, qui a assisté consciemment à l'accomplissement de l'acte, en est étonnée et affectée. Elle déclare, qu'en aucune façon, elle n'a été capable de se retenir. Et de fait, l'acte est accompli à froid, sans colère. Parfois la malade résiste, mais l'impulsion est plus forte, et l'objet est jeté. S'il y a résistance, elle éprouve des symptômes physiques bien connus en pareil cas : pâleur de la face, serrement à l'estomac. De même, lorsque l'acte est accompli, elle se sent soulagée. C'est ainsi que depuis trois ans, elle casse tout chez elle ; ce sont surtout les ustensiles de cuisine et la vaisselle qu'elle brise. Pendant le repas, au moment où elle est en train de manger, l'idée lui vient de jeter à terre un litre de vin, une assiette ; aussitôt l'acte est accompli. D'autres fois, elle lance des objets contre son entourage, sans avoir l'intention de faire du mal. C'est ainsi qu'elle a lancé une bouteille à la tête d'une dame qui lui venait en aide pour son ménage, et qui lui prête de l'argent ; elle ignore pourquoi elle l'a fait et s'en repent amèrement. Elle pleure, disant que ce n'est pas sa faute, que c'est plus fort qu'elle, qu'elle n'a aucune intention méchante. Il y a un an, elle dînait avec son mari à la terrasse d'un restaurant. Pendant le repas elle saisit la bouteille et la brise contre terre. Elle fait cela très simplement, sans colère, sans qu'il y ait eu altercation, sans être grise. Un autre fait qui eût pu avoir des conséquences plus graves est le suivant : Elle se promenait un jour tenant son enfant dans ses bras; tout à coup elle le lance irrésistiblement sur le gazon. Entrée à l'Admission le 17 juin, elle ne tarde pas à se calmer. Plusieurs impulsions se sont pourtant produites : Le 20 juin, elle lance tout à coup à terre sa timbale, sa cuiller et un vase contenant de l'huile qui se trouvait à côté. Nous la voyons quelques minutes après, et nous la trouvons calme, regrettant ce qu'elle venait de faire. Elle avait cherché à se retenir deux ou trois fois. Le lendemain, elle lance à terre un bol qu'elle tenait à la main. Même attitude, mêmes explications.

OBSERV. III. — *Débilité mentale.* — *Mouvements irrésistibles.* — *Impulsions à imiter les mouvements.* — *Onanisme.* — *Frigidité.* — *Délire ambitieux.*

P..., Alfred, âgé de 21 ans, est un enfant naturel. Sa mère est morte lorsqu'il était encore tout jeune; ses grands parents maternels l'ont élevé. Il n'a pas fait de graves maladies dans son enfance, et n'a jamais eu d'accidents convulsifs. Cependant il est strabique, il blèse un peu par moments, même il bégaye. La tête est parfois animée dans son ensemble de tics convulsifs. Il a reçu une éducation primaire sommaire. Déjà étant tout jeune il avait des idées baroques, son caractère était bizarre. Faible d'esprit, mal équilibré, il ne pouvait se livrer à un travail suivi. Apprenti imprimeur, il était désordonné dans son métier. A cette époque, il y a 4 ans, il interrompait sa besogne pour exécuter des gestes bizarres. Il remuait le pouce ou le petit doigt de sa main gauche, leur faisant exécuter plusieurs fois de suite des mouvements de subluxation. Pendant son travail, on le voyait parfois tout à coup s'arrêter, ramener le coude au corps et lancer un coup de poing en avant. L'idée de donner un coup de poing ou de remuer le pouce lui traverse, dit-il, l'esprit; il comprend bien l'étrangeté de sa manie, mais le désir est plus fort que la volonté; il ne peut se retenir, et se trouve satisfait après le mouvement. Il tire au sort, est envoyé dans l'infanterie de marine à Cherbourg. Au bout de quinze jours, on le réforme, il revient à Paris chez ses parents. A la maison, les mêmes mouvements irrésistibles continuent à s'effectuer; il fait des grimaces à table et exécute des mouvements avec ses doigts, ou bien il lance un coup de poing. Il avait retenu du régiment les manœuvres préliminaires de gymnastique, les mouvements rhythmés des bras et des jambes. Parfois chez lui il prenait un bâton et le maniait comme à l'école de soldat. Ou bien encore il se tenait debout, comme à l'exercice militaire, tenait les coudes au corps et exécutait les différents mouvements qu'on lui avait appris à Cherbourg. Il commençait par prendre l'attitude fixe, ensuite se courbait en avant, mettait les coudes au corps, étendait les bras. Ces mouvements étaient rapides et rhythmés, il les exécutait un grand nombre de fois. Ajoutons qu'aucun de ces mouvements n'avait la moindre utilité ; ils étaient accomplis par le malade, sans qu'il pût les réprimer un seul instant. Avant de se coucher il était encore obsédé par l'idée d'agir ainsi, l'impulsion était irrésistible. Il sentait bien le ridicule et la bizarrerie de sa conduite, mais il lui était impossible de se mettre au lit, avant d'avoir fait l'exercice. Après avoir exécuté ces mouvements il était satisfait et pouvait s'endormir. Il y a environ six mois qu'il est en proie à ces impulsions. Depuis un peu plus de deux ans l'idée de s'instruire lui est venue peu à peu. Il voulait devenir savant et lisait tous les livres qu'il pouvait se procurer.

Il se mit à lire le Paradis perdu de Milton et s'imagina ensuite qu'il était devenu Lucifer ; c'était lui le diable. Plus tard, à la suite d'une autre lecture, il aurait désiré se métamorphoser en serpent. Il eut aussi l'idée de chercher la pierre philosophale et de faire de l'or. Il étudia la chimie. Il faisait ses essais sur un poêle, faisait rougir des sous, mélangeait du nitre et du soufre, fabriquait de l'eau régale pour dissoudre l'or, etc. Il ramassait des pierres, des cailloux, en remplissait ses poches, les examinait, comme s'ils étaient du minerai d'or, cherchant le moyen d'en extraire le métal précieux. Il s'enfermait quelquefois une heure dans les cabinets d'aisance, étudiait en cachette ses cailloux, de peur qu'on ne surprît son secret. Depuis quelque temps il se laisse aller à son penchant pour l'ivrognerie ; il boit du vermouth et de l'absinthe. « Son père se grisait, dit-il, il suit son exemple et se grise. » Les habitudes d'onanisme sont anciennes chez lui. Il se masturbe le soir en se couchant, et le matin à son réveil. Un jour, en proie à une excitation génésique intense, il entre dans une maison publique et, malgré les caresses d'une femme qui lui plaît et son ardent désir de cohabitation, il reste totalement frigide. Parfois il a des éjaculations la nuit au milieu de rêves lascifs. Depuis qu'il est dans le service il ne lance plus son poing en avant, il ne remue plus le pouce, il ne fait plus aucun mouve-

ment avant de se coucher. Ses idées ambitieuses, en partie dis-
parues, persistent néanmoins encore, il ramasse de temps à
autre des cailloux et il en a constamment dans ses poches. Mais
un autre phénomène s'est produit : il obéit à des impulsions
d'une autre nature ; il imite les attitudes de certains malades,
et contrefait irrésistiblement leurs gestes. Placé à table à côté
d'un hémiplégique droit, il laisse, pendant toute la durée du
repas, retomber le bras droit le long de la jambe immobile
comme s'il était lui-même paralysé. Il sent bien qu'il est ridicule, mais une force invincible l'empêche pendant un certain
temps de reprendre son attitude normale.

OBSERV. IV. — *Dégénérescence mentale. Coïncidence de
nombreux syndromes (Délire du toucher, folie du doute,
agoraphobie, tics convulsifs, mouvements irrésistibles).
Déséquilibration intellectuelle. Hérédité similaire. Délire
du toucher chez la mère, tics chez les collatéraux.*

M. B..., âgé de 41 ans, est un malade qui présente un très
grand intérêt clinique, en raison du nombre considérable de
syndromes dont il a souffert jusqu'à présent. Intelligent, il
rend très exactement compte de toutes ses sensations.

Il n'y a rien à signaler dans son enfance, si ce n'est le début
de son délire du toucher ; mais nous y reviendrons plus loin
pour ne pas scinder la description du syndrome. Pas de mauvais instincts. De 17 à 21 ans, il apprend très convenablement
le métier d'horloger. Il ne se souvient pas d'actes bizarres à
cette époque. Pas de chorée. Mais, fait remarquable, car c'est
un stigmate que l'on rencontre encore chez trois membres de
sa famille, les orbiculaires palpébraux sont animés de *tics
convulsifs*, en quelque sorte à l'insu du malade. Ces tics persistent aujourd'hui. A ces tics des orbiculaires s'en joignaient
d'autres dans son enfance ; il haussait les épaules, contractait
les muscles du cou : sa mère l'appelait *le grimacier*. Il n'a
jamais été très gai ; parfois, il avait des moments d'humeur,
et se tenait sans savoir pourquoi loin de ses camarades; il n'a
pas eu d'idées de suicide. D'autres fois, au contraire, il avait
des moments d'exaltation avec légère excitation. C'est à partir
de 21 ans surtout qu'il est en proie à des obsessions et à des
impulsions de toute nature De 21 à 25 ans, le *doute* apparaît.
Très bon soldat, très régulier, n'ayant jamais de punition que
pour s'être montré trop indulgent pour ses inférieurs, il avait
néanmoins des doutes exagérés sur la manière dont il remplissait son devoir, et ses doutes le préoccupaient constamment,
« C'était exagéré, dit-il, je le savais bien, mais c'était plus fort
que moi. » A 26 ans, il entre dans une grande administration,

et il y fait son service très régulièrement. Jusque dans ces dernières années, ses doutes ne se montrent pas très obsédants. Toutefois, ils se manifestent dans les circonstances les plus diverses. Un jour, préparant sa malle pour partir en voyage, il perd son temps à déplacer et à ranger plusieurs fois de suite son linge et ses effets ; il a failli manquer le train.

Depuis quelques années, le doute prend une forme des plus caractéristiques. M. B.. a cloué solidement lui-même des planches dans une chambre de son logement. Vingt fois par jour, l'idée singulière lui vient que, peut-être, ces planches ne sont pas solides. Alors, il n'a pas de repos tant qu'il ne s'est pas assuré d'une chose dont il est par avance absolument certain : il se lève, va toucher les planches, revient, mais, repris aussitôt par le doute, il retourne encore, et ainsi plusieurs fois. Pendant qu'il lit un journal, tout à coup, le doute surgit, il ne comprend plus rien à ce qu'il lit tant qu'il ne s'est pas levé pour s'assurer encore si la planche est solide, etc.

Telles sont ses dispositions au doute ; voici maintenant le délire du toucher. Insistons sur ce fait, que dès la première enfance, il avait la crainte du toucher, qui se trouve ainsi précéder d'une quinzaine d'années la folie du doute. De plus, ce syndrome est héréditairement transmis par la mère. Dès l'enfance, M. B... avait l'impulsion invincible, quand il était à table, de chasser de la main ou du couteau la moindre miette de pain qui séjournait auprès de son assiette. Ce fait très simple avait le don de l'horripiler. Mais l'acte n'avait pas pris simplement les caractères d'une habitude ; il y avait quelque chose de plus ; cette habitude était insurmontable ; de plus, M. B... avait conscience de son côté ridicule ; enfin, si par hasard, il se trouvait en société, et qu'il fut empêché ainsi de se livrer à sa manœuvre habituelle, il éprouvait de l'angoisse jusqu'à ce que, ayant profité d'un instant où les regards étaient loin de lui, il l'eût accompli à la hâte. Alors, le malade éprouvait une véritable satisfaction comme s'il eût accompli une grande tâche. Cette singulière manie lui avait fait décerner dans son milieu le sobriquet de « *balayeur* ».

Cette impulsion est loin d'être guérie. Aujourd'hui elle existe encore avec les mêmes caractères. D'autres préoccupations s'y sont jointes. Le malade procède vis-à-vis de tous les petits points noirs qu'il découvre dans ses aliments, comme il le fait pour les miettes de pain ; il les écarte systématiquement sans pouvoir donner la raison de cette bizarrerie. Toujours est-il que rien ne les lui ferait manger. Plus récemment, M. B... s'est vu dans l'obligation de se laver les mains cinquante fois par jour, à tout propos, dès qu'il avait touché un objet propre ou sale. Cette habitude qu'il a contractée est devenue absolument irrésistible. Elle est à rapprocher du délire du toucher de la mère qui, comme nous le verrons plus loin, était obligée de se laver chaque fois qu'elle avait touché un sou. Enfin, M. B... ne peut plus maintenant toucher la main de quelqu'un sans se l'essuyer immédiatement aux pans de son habit. Si vous lui demandez pourquoi il le fait, il sera bien embarrassé de répondre ; c'est plus fort que lui ; il souffre de cette habitude, car il n'ignore pas ce qu'elle a d'inconvenant. C'est à ce point que, dans la rue, il évite de s'aboucher avec les personnes de connaissance pour n'avoir pas à s'essuyer les mains. L'attitude de notre malade est bien caractéristique, et elle répond de point en point à tout ce que l'on sait du délire du toucher. Mais il n'en est pas resté là, et, depuis cinq ans, pendant qu'évoluaient son doute et sa folie du toucher, un autre syndrome, *l'agoraphobie* est apparu.

A cette époque, M. B... commence à éprouver parfois, dans la rue, des malaises singuliers dont il a parfaitement conscience et qu'il ne peut en aucune façon s'expliquer. A la vue d'une surface lisse, sur laquelle il est obligé de marcher, d'un trottoir mouillé, d'une rue un peu large, et à plus forte raison d'une grande place, il lui est impossible d'avancer, il reste cloué au sol, et il éprouve un très grand malaise ; il a des vertiges, il voit tout trouble, il lui semble que le sol se dérobe sous ses pas, ou qu'il court en sens inverse de la direction qu'il prend, ses jambes tremblent, une sueur froide inonde son front, il ressent une angoisse précordiale et il est obligé d'attendre que l'accès soit passé. Ces malaises sont constants depuis cinq années. M. B... s'est aidé d'une canne tout d'abord, puis il s'est arrangé de façon à ne sortir qu'accompagnée de sa femme ; l'aide d'un bras le calme et le rassure. D'ailleurs, pour se rendre à son travail, il choisit les petites rues, marche avec précaution ; s'il rencontre une grande voie, il l'évite, la contourne jusqu'à ce qu'il ait atteint son but. Le séjour entre quatre murs le soulage ; encore est-il que, quelquefois, le passage d'une chambre à un autre lui est pénible. Deux fois, il lui est arrivé de tomber dans son chemin, mais de tomber d'une façon caractéristique. Tout à coup, le malaise le prend, il éprouve l'angoisse précordiale, les jambes tremblent ; sentant le sol se dérober sous lui, il s'accroupit instinctivement et se cramponne aux pavés, jusqu'à ce qu'un bras secourable l'aide à se relever. Enfin, cette infirmité si pénible est la cause que, depuis longtemps, le malade évite de sortir. Lorsqu'il y est obligé, il se prépare de longue main, il est angoissé d'avance et met tout en œuvre pour reculer le moment décisif ; il s'habille, se déshabille plusieurs fois, se lave les mains, se brosse les dents, etc.; en un mot, qu'on nous passe l'expression « il tue le temps » du mieux qu'il peut.

Voilà donc trois grands syndromes qui évoluent ensemble, et qui plongent notre malade dans une angoisse perpétuelle. Ce n'est pourtant pas tout encore. Son système nerveux est dans un incessant éréthisme, tous ses centres nerveux, très vivement surexcités, se déchargent en quelque sorte constamment; ils agissent pour leur propre compte, et tout l'axe cérébro-spinal est profondément déséquilibré. Ainsi, du matin au soir, M. B..., produit-il, irrésistiblement, des séries de mouvements complètement inutiles, qu'il se déclare lui-même incapable d'arrêter sans éprouver le malaise caractéristique qui accompagne toujours toute résistance à l'accomplissement d'un syndrome; anxiété précordiale, sueur froide, étourdissements, etc. Ainsi, à quelque heure de la journée que vous observiez M. B..., vous le voyez en mouvement; pendant que vous lui parlez, il se frotte les mains, les cuisses ou les flancs, il se gratte la tête; mais l'attitude qu'il préfère et qu'il nous est impossible d'empêcher est la suivante; assis sur sa chaise, il la renverse un peu, pour la faire porter sur les pieds de derrière, et, en s'arcboutant d'autre part sur ses jambes, il se balance légèrement d'arrière en avant, en accompagnant ce mouvement du frottement des cuisses avec les mains. Essayez de l'arrêter, vous le voyez aussitôt pâlir, son front se couvre de sueur, il éprouve un grand malaise ; à ce moment, les tics des orbiculaires redoublent d'intensité. Tout rentre dans l'ordre dès que les mouvements recommencent. Une autre attitude que M. B... avait coutume de prendre quand il était chez lui, est la suivante: il avait fait accrocher au plafond de sa chambre une corde dont l'extrémité pendait à hauteur du bras. Plusieurs fois dans la journée, il s'asseyait sur une chaise dans l'attitude que nous venons de décrire ; il saisissait la corde de la main droite, et, en tirant sur elle d'une façon rhythmique, il se balançait ainsi pendant longtemps, tandis que le coude gauche appuyé sur un meuble, il frappait sur sa tête en cadence avec les doigts de la main gauche.

Enfin, quand il est au lit, M. B... continue la série de ses mouvements irrésistibles. Jusqu'à ce que le sommeil soit arrivé, il faut que quelque chose remue: ce sont les muscles de l'abdomen, les muscles de la hanche, ceux du bras, etc. Le sommeil seul met fin à cette gymnastique perpétuelle à laquelle le malade assiste, avec sa pleine conscience, et sans pouvoir la réprimer un instant.

Ce malade, véritable synthèse clinique, est un modèle de

déséquilibration cérébro-spinale. Il peut être cependant amélioré ; il est soumis à une médication tonique et bromurée et il prend chaque jour une douche froide en éventail.

Un coup d'œil jeté sur ses antécédents héréditaires complètera son histoire en faisant ressortir ce qui revient à l'hérédité similaire. Sa mère est également déséquilibrée. Emotive à l'excès, elle a toujours eu du tremblement. Il lui est impossible de tracer une ligne si elle se sent regardée par quelqu'un. Depuis fort longtemps elle est atteinte du délire du toucher et a particulièrement la crainte des objets de cuivre ; elle ne peut toucher un chandelier, un bouton de porte, si ces objets sont en cuivre. Elle tenait un commerce d'épicerie, et était angoissée chaque fois qu'elle était obligée de toucher la monnaie de cuivre ; elle s'y déterminait avec peine, mais pour aller aussitôt se laver les mains. Si elle était à table, rien ne pouvait la déterminer à se lever pour rendre la monnaie à un client, car il lui eût fallu pratiquer d'abondants lavages. Un autre syndrome qui se trouve très fréquemment lié au délire du toucher, est la *crainte des chiens*. Mme B... poussait cette terreur au dernier degré de l'exagération, dans la rue elle se détournait de son chemin à la vue d'un chien, même inoffensif. Chez elle, entendait-elle aboyer un chien au dehors, vite elle donnait un tour de clé à la serrure. A la terreur du chien, s'est jointe la terreur exagérée de la rage ; en temps chaud, elle évite de sortir, parce qu'elle a entendu dire que les fortes chaleurs sont favorables à l'éclosion de la rage chez les chiens. Mme B... est aujourd'hui atteinte de paralysie agitante. Six frères ou sœurs de celle-ci sont mal équilibrés sans présenter de syndromes proprement dits. L'un d'eux est violent, emporté. Il a une fille qui, parait-il, ne présente rien de particulier, mais dont l'enfant est atteint de tics. Enfin, un *cousin germain* et une *cousine germaine* du malade ont des tics de la face.

Obs. V. — *Onomatomanie (Coprolalie, mots compromettants ; écholalie) ; délire mélancolique.*

Mme P... est entrée à l'admission le 20 février 1886. Cette malade, âgée de 63 ans, présente depuis six mois, et pour la première fois, une série d'obsessions et d'impulsions, et simultanément une poussée de délire mélancolique. Mais, elle a toujours eu une intelligence bornée ; dévote, elle n'a cessé d'aller à l'église que depuis le commencement de sa maladie, sous l'influence de ses idées mélancoliques. Au point de vue physique, elle présente du strabisme externe de l'œil droit. Ce strabisme est congénital. Depuis quelques années, ses facultés ont légèrement baissé; elle est moins apte au travail; elle vivait avec sa fille, qui était obligée de la surveiller. Cinq ou six mois avant son entrée, elle devient peu à peu triste et préoccupée, et exprime quelques idées de persécution; elle s'imagine qu'on lui en veut, qu'on va l'assassiner ; des voix lui disent parfois : « On va te couper le cou, on va te balancer et te jeter à l'eau. » Mais ces idées mélancoliques sont en partie liées à des phénomènes d'une autre nature : à des obsessions et surtout à des impulsions à prononcer certains mots, certaines phrases qu'elle interprète ensuite, et qui servent de thème à ses idées délirantes. Il lui arrive de prononcer sans pouvoir se retenir des mots grossiers : « chameau, vache, cul. » Ces mots arrivent tout à coup à sa pensée, et presque aussitôt ils sont *lâchés* sans que la malade ait eu le temps de les arrêter. D'autres fois, ils expirent sur ses lèvres et ils ne sont prononcés que mentalement. Elle se sent soulagée, pour peu qu'elle les articule. D'autres fois encore, l'obsession seule existe; la volonté conserve encore un peu de son action d'arrêt. Au moment où la malade va prononcer le mot qui l'obsède, on la voit sauter sur sa chaise, et dire : « Ah ! j'allais dire un mot, je me retiens, je me retiens. » On voit ainsi chez la même malade les étapes successives par lesquelles passe l'obsession pour devenir impulsion : 1º L'obsession existe seule; 2º il y a un commencement d'impulsion; 3º le mot est lâché, et l'impulsion complète succède à l'obsession. Il se présente encore un autre cas : le mot arrive aux lèvres, qu'il ne dépasse pas, mais la malade croit l'avoir prononcé réellement, alors qu'il ne l'a été que mentalement, et elle l'entend se répercuter dans un endroit plus ou moins éloigné d'elle : dans la cheminée, dans la rue. Elle croit bien à ce moment avoir prononcé quelque chose, car elle ne manque pas de dire : « ça m'échappe. » L'obsession et l'impulsion s'accompagnent, comme il arrive souvent, de phénomènes somatiques. Ainsi souvent, au moment où l'obsession du mot arrive, la malade souffre au niveau de l'estomac; elle dit que malgré elle, le mot monte de l'estomac aux lèvres, et que, dès qu'il est lâché, elle se sent soulagée. L'obsession du mot n'a pas toujours ce caractère de simplicité. La malade s'imagine que les mots prononcés ont une signification mauvaise, malfaisante. Chaque mot prononcé est comme un maléfice qu'elle lance sur quelqu'un; elle croit en conséquence qu'elle est une misérable, qu'elle nuit à ses parents et à autrui. Elle croit avoir dit que sa fille vit en concubinage avec un jeune homme, et que ses paroles ont entraîné la condamnation de ces deux personnes. Ces préoccupations obsédantes, conséquence de l'obsession des mots, entraînent chez la malade un état mélancolique qui s'est traduit d'abord par des accusations imaginaires, puis par l'idée que la justice la poursuit pour la punir. Elle a voulu se rendre à la Préfecture pour délivrer le jeune homme que ses médisances, ses maléfices imaginaires avaient fait arrêter. Enfin, elle a manifesté à deux reprises l'intention de se suicider : elle a voulu se jeter par la fenêtre, et s'ouvrir les veines. On voit ainsi des obsessions simples donner naissance à un délire triste, grâce à leur interprétation par un esprit débile. Entrée à l'Admission le 20 février 1886, la malade n'a pas tardé à guérir de ses idées délirantes et elle n'est plus préoccupée que par ses obsessions qu'elle expose avec une grande simplicité. Le mot reste le plus souvent à l'état d'obsession simple, et l'impulsion ne dépasse pas ordinairement la première phase d'exécution ; la malade remue les lèvres, mais n'articule pas assez haut pour qu'on l'entende.

Le 8 mars, son attitude est craintive, elle s'imagine avoir dit qu'elle est enceinte; elle l'a prononcé à mi-voix. En même temps, elle est écholalique ; elle affirme que quand elle entend prononcer un mot, elle se sent poussée à le répéter, surtout s'il s'agit d'un mot grossier. « Autrefois, dit-elle, quand j'entendais, par exemple, dans la rue, un marchand de poissons prononcer le mot de maquereau, j'étais forcée de le répéter, sinon j'éprouvais un serrement à l'estomac. » Le 4 avril, les obsessions sont un peu moins fréquentes, la malade dit que le mot « chameau » ne lui vient plus à l'esprit, mais elle est obsédée fréquemment par les mots « gourgandine, marie salope. » Ces mots sont toujours prononcés mentalement. Quand elle marche, ou qu'elle tousse, le mouvement qu'elle fait réveille dans ses centres corticaux, l'image tonale de certains mots. A partir du mois de mai, l'amélioration est progressive; la malade affirme qu'elle est tranquille, qu'elle est beaucoup moins obsédée. Les quelques renseignements relatifs à l'hérédité de Mme P... sont les suivants : Son *père* est mort très jeune, tuberculeux. Sa *mère* était strabique. Son *frère* débile, déséquilibré, faisait des excès de boissons et est mort tuberculeux. Il a eu deux filles qui ont mal tourné. Des deux *filles* qu'a eu Mme P... l'une est morte à 4 mois à la suite de convulsions, l'autre âgée de 34 ans, est restée vieille fille, elle est débile, dévote et présente de l'asymétrie faciale.

La folie héréditaire forme donc un groupe absolument distinct. Les caractères que nous lui avons assignés plus haut et les nombreux faits que nous avons eu l'occasion, à diverses reprises, de faire connaître, l'ont, croyons-nous, suffisamment démontré. Nous pouvons y ajouter encore les preuves cliniques tirées du délire chez les dégénérés, de leurs perversions sexuelles et de leurs stigmates physiques.

Les héréditaires délirent d'une façon qui leur est spéciale, et leur délire a des caractères typiques, parfaitement reconnaissables. Le principal consiste dans la brusque apparition des idées délirantes ; en quelques heures, en quelques jours, tout au plus en quelques semaines, on voit se développer un délire très intense qui peut affecter toutes les formes (maniaque, mystique, érotique, ambitieuse, etc.). Le délire évolue rapidement, il peut être simple, c'est-à-dire n'être constitué que par une seule forme, mais, fréquemment, on voit plusieurs formes se succéder, et tel malade qui était hier ambitieux, est aujourd'hui persécuté ; dans quelques jours il sera hypochondriaque. Voilà une manière de délirer qui est le propre des héréditaires. C'est ce qui constitue le *délire d'emblée* (*délire primaire* de Krafft Ebing et de Schüle). Il ne présente pas d'évolution régulière comme le délire chronique, par exemple, et il cesse ordinairement brusquement, comme il est venu, après avoir occupé la scène pendant un court espace de temps.

Voici un exemple de délire d'emblée, à forme ambitieuse, chez un dégénéré débile :

Obs. VI. — *Débilité mentale. — Délire ambitieux.*

N..., âgé de 45 ans, est entré à l'admission le 17 septembre 1886, à la suite d'un scandale qu'il avait fait sur la voie publique en représentant à sa façon des scènes guerrières.

C'est un enfant naturel, mais son père, dit-il, devait être un homme d'importance, car il venait le voir en nourrice dans une voiture à deux chevaux. Elevé dans un hospice, on lui fit apprendre l'état de sabotier, puis il partit faire son tour de France. Il vécut ainsi, voyageant beaucoup, plutôt vagabond, incapable de se livrer à un travail suivi et de se fixer dans une localité déterminée. Il a appris tant bien que mal à lire et à écrire. Il y a cinq ans environ, il reste quelque temps dans une grande fabrique de chaussures, où son entoura ;e abusait de la simplicité de son esprit. Ses patrons lui conseillèrent un jour d'aller à Lourdes boire de l'eau miraculeuse, en ajoutant : « Il ne serait pas étonnant que cela vous fit du bien. » Ne comprenant pas qu'on se moquait, il profite d'une occasion, va à Lourdes, visite la grotte, et, tout tremblant d'émotion, avale, coup sur coup, plusieurs gobelets d'eau. Dès le lendemain, l'eau bénite fait son effet ; il se sent devenu artiste et se met à composer des poésies. Plein de lui-même, il recommence à mener sa vie vagabonde d'autrefois et devient très misérable. Comme on lui refusait des secours, l'idée lui vient de mettre à profit ce talent d'artiste qui lui avait été révélé à Lourdes. Il demande l'autorisation de chanter dans les cafés du village ; on lui accorde la permission de chanter deux heures dans les rues ; il fait 6 francs de recette. Ce furent là ses débuts. Dès lors, il se compose un programme de spectacle, ajuste ensemble et entremêle des fragments d'opéras, de mélodrames, qu'il avait eu l'occasion de voir jouer et parcourt la France, trouvant à vivre de cette façon. Il imite l'homme des bois et les grimaces variées des singes, ou bien il chante des refrains populaires ou guerriers ; acteur remarquable et surtout convaincu, sa voix est tendre dans les refrains d'amour ou sévère dans l'action tragique ; pathétique ou badin, il sait faire pleurer ou rire, mais il excelle par-dessus tout dans la représentation des faits d'armes du temps passé : il tombe en courant comme un soldat frappé en montant à l'assaut. Son débit est d'une naïveté singulière et son attitude absolument grotesque. Il s'arrêtait dans les villages et se mettait d'abord en règle avec l'autorité municipale, puis il parcourait les rues en faisant claquer des castagnettes et en secouant des grelots au bout d'un bâton. Il faisait, aux passants rassemblés, l'annonce de son spectacle. Par ses gestes et ses éclats de voix, il prétend imiter le fracas des batailles. Il mime les faits d'armes de la Révolution, personnifie les généraux Marceau, Desaix, etc., représente à lui seul le passage du pont d'Arcole, les clameurs des soldats, le bruit du canon, et lorsque, au milieu des carrefours, il court, tombe, se relève, se laisse aller à la renverse, en poussant de grands cris, imitant, dit-il, Marceau frappé au cœur, mourant pour la patrie ; la scène est si patriotique que le public applaudissant le récompense en lui jetant des pièces de monnaie. Son entrain est tel qu'il est bientôt couvert de sueur. Pour se fortifier, il s'adonne aux boissons alcooliques. Dans une page enrichie de dessins étranges, N... nous a expliqué une partie de son existence et ce fait capital qu'il est devenu artiste après avoir bu de l'eau de Lourdes. C'est pour cela, dit-il, qu'il y a de l'analogie entre son histoire et celle de Jeanne d'Arc, qui était fille de paysans et qui étant en prière au bord d'une fontaine, a bu de l'eau comme lui. Son récit est très remarquable par le décousu des idées. Son histoire est entrecoupée de citations étrangères, de couplets, de chansons. Il s'est représenté lui-même se battant en duel.

Depuis son entrée dans le service, il a rempli de nombreuses feuilles de papier de ses dessins, de ses poésies ou de ses écrits. Il va prochainement devenir peintre.

Il a écrit une lettre dans laquelle il se plaint que l'administration n'a pas encore eu la sagesse d'utiliser ses talents. Il aurait diverti les malades de l'Asile, et les entrées du public payant lui auraient fait réaliser une forte somme. Par moments, il se dit prophète, mais cette nouvelle idée ambitieuse est passagère. Un instant après, il ne songe plus à ses prophéties. On l'occupe à l'atelier de cordonnerie et avec des morceaux de cuir qu'il ramasse, il prétend fabriquer une église cathédrale. Il a toujours sur lui un crayon et du papier. Il compose, étudie des types, et, chemin faisant, prend des notes pour ses représentations futures.

Disons encore que ces délires peuvent persister longtemps ; mais, que leur durée soit longue ou courte, le mode d'évolution et le polymorphisme du délire en seront toujours la caractéristique, la marque de fabrique en quelque sorte. Les anomalies, les perversions sexuelles, dont les exemples abondent, sont pour la plupart fournies par le groupe des dégénérés. Elles rentrent en grande partie dans le chapitre clinique intitulé folie morale, qui lui-même est un chapitre de l'histoire des dégénérés. Le reste relève de l'histoire des syndromes et en possède tous les caractères (obsession, impulsion, irrésistibilité). Ces différentes anomalies se présentent à l'observation souvent dès le jeune âge, et ce n'est pas un de leurs caractères les moins importants. Leur apparition précoce comme celle des autres syndromes (voir plus haut) plaide mieux que tout autre argument en faveur de la prédisposition. Nous donnons de suite un exemple de folie morale avec perversions sexuelles extraordinairement développées chez une jeune fille de 12 ans.

Obs. VII. — *Folie morale. Perversions instinctives multiples; perversions sexuelles; idée de suicide et d'homicide, vol; tendances à boire.*

J... (Georgette), âgée de 12 ans, a été internée le 17 mars 1886. Physiquement, elle est normalement constituée ; sa physionomie est agréable ; elle ne présente pas d'asymétrie faciale, ni aucun stigmate physique pouvant faire songer à première vue à une dégénérée. Il y a, sous ce rapport, un contraste singulier entre l'état physique et l'état moral, qui présente, lui, les difformités les plus invraisemblables.

Mise en pension assez jeune, elle s'y fait déjà remarquer par son indiscipline, par son peu d'aptitude et surtout par ses mauvais instincts. Elle a pu à peine apprendre à lire et à écrire. C'est au point de vue sexuel surtout qu'elle présente de graves anomalies. A la pension, elle se masturbait fréquemment et recherchait le commerce de ses compagnes, qu'elle masturbait et par qui elle se faisait masturber. Sortie de pension, elle a continué ces pratiques ; elle s'onanisait, dit sa mère, plus de trente fois par jour. Elle a commencé vers l'âge de cinq à six ans. A cet âge, un jeune homme aurait pratiqué des attouchements sur elle, et elle affirme que, depuis cette époque, elle éprouve le besoin irrésistible de ressentir les mêmes sensations.

Mais elle ne s'en tient pas là. Revenue chez sa mère, elle ne peut être constamment surveillée par celle-ci, dont la présence est nécessaire dans son commerce. Elle en profite pour faire de nombreuses fugues. Elle n'avoue pas tout ce qu'elle faisait au dehors, mais ce qui est certain, c'est que souvent elle provoquait, dans les Champs-Elysées, des individus qu'elle entraînait derrière les massifs, et là elle se livrait sur eux à l'onanisme avec la main ou avec la bouche. La mère affirme que sa fille lui a dérobé de l'argent qu'elle a distribué à des individus qu'elle provoquait.

L'un d'eux essaya de pratiquer le coït sans y réussir, fit ensuite des tentatives de sodomie. Finalement la petite malade se livra sur lui à l'onanisme buccal. En rentrant, comme elle avait des taches de sperme sur ses vêtements, elle expliqua leur présence en disant qu'un homme avait uriné dans sa bouche. Elle avait coutume, en rentrant de ses escapades, de laver les taches qui souillaient son linge, pour qu'on ne s'aperçut de rien.

Dans les derniers mois qui ont précédé son entrée, outre les anomalies que nous venons de raconter, Georgette n'avait plus aucun soin de sa personne ; elle ne se lavait pas, restait longtemps sans se peigner. Elle montait impunément pour cacher ses fautes et ses escapades, qui devenaient de plus en plus nombreuses. En même temps, comme elle voyait sa mère malheureuse, elle lui proposait parfois de mourir avec elle. A cette époque, sa perversité morale se trouve portée à son comble; elle buvait de l'urine, elle s'onanisait avec des côtelettes, qu'elle mangeait ensuite. Enfin, elle tourne vers sa propre mère sa lubricité. Elle demande fréquemment à celle-ci de coucher avec elle dans le but unique de lui toucher les parties. Un jour, elle profite d'une indisposition qui avait forcé sa mère à se coucher, pour lui porter la main aux parties, en s'onanisant elle-même. Elle avait choisi le moment où celle-ci était dans une demi-syncope. Elle lui proposa un jour de passer sa langue aux parties génitales. Il lui est arrivé de la mordre aux mains et aux jambes, parce qu'elle lui avait adressé des reproches. Enfin pendant que sa mère était malade, elle eut l'idée de la faire mourir, en lui administrant de la belladone, prescrite pour l'usage externe.

Depuis qu'elle suit le régime de l'Asile, Georgette parait s'être améliorée. Bien dirigée, elle rend des services; mais elle parait encore se livrer à l'onanisme, en dépit de ses dénégations. La muqueuse des organes génitaux externes est rouge, congestionnée; entre les lèvres, on trouve des mucosités filantes et un léger flux leucorrhéique. Elle est, d'ailleurs, normalement conformée. Les petites lèvres n'ont pas une longueur démesurée; le clitoris est normal. L'hymen est intact, en dépit des tentatives sexuelles auxquelles elle s'est soumise de bon gré. L'anus est normal.

Les renseignements que nous possédons sur ses antécédents héréditaires sont les suivants : Son *père* était un ivrogne; déséquilibré, il se livrait à des violences contre sa femme. Il lui est arrivé de la mordre au pouce jusqu'à lui faire une profonde blessure. Sa *mère* est faible d'esprit, un peu loquace, excentrique. Elle présente du strabisme externe.

Voici maintenant l'histoire d'un dégénéré, qui, à côté de perversions sexuelles, présente des stigmates physiques des mieux accusées.

OBS. VIII. — *Débilité mentale. — Accès délirant. — Hypospadias périnéal à forme vulvaire. (Pseudo-hermaphrodite mâle).*

C..., âgé de 25 ans, est entré à l'admission le 20 octobre 1886, dans un état de violente excitation, avec du délire mélancolique et mystique. Il s'imaginait qu'il empestait son entourage, exprimait des craintes de toute espèce, et refusait de manger.

A sa naissance, il fut inscrit sur les registres de l'Etat civil comme appartenant au sexe féminin; on lui mit plus tard des vêtements féminins, et fut envoyé dans une école de filles. A 7 ans, ses petites camarades avaient remarqué une conformation particulière de ses organes génitaux, et se moquaient de lui. Il est placé ensuite dans un pensionnat dirigé par des religieuses. A 13 ans, il quitte le pensionnat et entre dans un couvent de Bénédictines, où l'une de ses tantes, religieuse, le destine au noviciat. Son peu d'aptitude pour le travail, son intelligence débile, et l'apparition d'un peu de barbe au menton en firent peu à peu la risée de ses compagnes.

Revenu chez ses parents, il ne tarde pas, à la mort de son père, à quitter la famille pour suivre en qualité de domestique un M. G..., âgé de 70 ans, qui l'emmène à la Martinique. A peine arrivé en Amérique, il devient l'objet des assiduités de son vieux patron; il lui cède, mais comme aucun rapport normal ne pouvait s'effectuer, cet homme se livre sur lui à des actes contre nature et ils finissent par l'onanisme buccal réciproque.

Cependant une négresse, domestique comme lui, s'étant aperçue de sa conformation, le prend pour un homme et l'attire chez elle. Une mulâtresse fait à son tour sa conquête, mais, ni avec l'une, ni avec l'autre de ces deux femmes, il ne peut pratiquer le coït; il n'éprouvait d'ailleurs pas avec elles la satisfaction que lui procurait son vieux patron. Ce fait d'inversion du sens génital est une anomalie peu commune. Il est plus fréquent d'observer, chez les pseudo-hermaphrodites mâles de l'inclination pour les femmes. Par son état mental, notre malade rentre donc encore dans le cadre des dégénérés. Sa barbe continuait à pousser, on se moquait de lui, et au bout de trois ans, il rentre en France désireux de changer de costume. Arrivé à Saint-Nazaire il se fait examiner par un médecin qui le déclare du sexe masculin. Il change son nom de Marie en celui de Marius, prend des vêtements d'homme, rentre à Paris et s'engage comme domestique dans une communauté de religieux. Le Père supérieur l'examine à deux reprises et le reconnaît *masculin*. Vers le 17 octobre 1886, il est pris assez rapidement de délire, après quelques excès de boissons, d'ailleurs peu considérables. A son arrivée à Sainte-Anne, il crie, gémit, se lamente, se dit l'Archange Saint-Michel, l'Antéchrist, le roi des Juifs « Je suis un misérable, tuez-moi, j'ai tué mon père et ma mère. » Il croit qu'on veut l'empoisonner, refuse de manger, il s'imagine qu'on veut le mettre dans un bain d'huile et il s'échappe par la fenêtre. Constamment inquiet, se nourrissant mal, ne dormant ni jour ni nuit, il s'affaisse rapidement ; les vomissements empêchant le cathétérisme œsophagien, on le nourrit au moyen de lavements peptonisés. Toutefois, les hallucinations diminuent d'intensité, l'excitation s'apaise peu à peu et il consent à prendre quelques aliments. Quinze jours après son entrée, il est déjà en voie d'amélioration.

Ce malade, par la conformation de ces organes génitaux, est un hypospade scrotal à forme vulvaire, un pseudo-hermaphrodite mâle. Sa verge mesure 4 cent. 1/2, elle est formée de la portion glandaire du corps spongieux et d'une portion des corps caverneux ; le gland imperforé est muni au bord inférieur d'une dépression ; dans l'érection l'organe se recourbe un peu en bas et en arrière, retenue dans cette position par des brides très nettes, qui sont les parties correspondantes de la portion cylindroïde du corps spongieux. Dans un cas analogue, M. Pozzi a attiré l'attention sur ces brides dont il trouve des vestiges chez la femme et qui répondraient ainsi aux mêmes parties. Au dessous de la verge et de chaque côté, il y a apparence de grandes lèvres qui résultent du défaut de soudure des deux sacs cutanés (où sont ordinairement contenus les testicules). Ces deux lèvres limitent une fente verticale qui aboutit à un cul-de-sac simulant une vulve. A 3 cent. 1/2 au dessous de la verge, se trouve le méat urinaire, mis en communication avec le pénis par les deux brides masculines (Pozzi). A 3 millimètres au dessous du méat, on aperçoit un autre orifice qui s'ouvre dans un conduit, semblant de vagin qui n'a pas moins de quinze centimètres de longueur, et qui admet une sonde d'un assez gros calibre. Le toucher rectal, pratiqué après l'intromission de deux sondes, l'une dans l'urèthre, l'autre dans le canal sous-jacent, permet de sentir la première sonde dans une situation très élevée, et la seconde presque sous le doigt. Celle-ci semble en outre se dévier, à son extrémité incluse, légèrement à droite ; la sonde retirée laisse voir à son extrémité, au niveau de son orifice latéral, quelques gouttes d'un mucus blanchâtre, sans odeur, au milieu duquel au microscope on voit quelques cellules épithéliales.

La palpation des régions inguinales sus et sous pubiennes, de même que le toucher rectal, ne décèlent pas la présence de testicules. Le malade ne sait pas dire si, lorsqu'il se masturbe, il sort du liquide par le méat. Toutefois, on a trouvé dans son lit, des taches dont l'aspect rappelle celui des taches spermatiques.

Ajoutons enfin que notre malade, hormis ses organes génitaux, possède les attributs du sexe masculin. Pourtant, sa taille est petite, sa voix flûtée et le bassin un peu large (1).

Nous avons suffisamment insisté sur les héréditaires dégénérés. Examinons maintenant un nouveau groupe de malades, les délirants chroniques.

Des délirants chroniques.

Poursuivant sa discussion sur les grands groupes cliniques, la Société médico-psychologique a mis à l'ordre du jour le délire chronique, et, dans la séance d'octobre, une première communication a été faite par M. Garnier, médecin en chef de l'infirmerie spéciale de la préfecture de police. Cette communication nette, précise, rappelle les caractères généraux que nous avons assignés à cette forme mentale. Les débats ne semblent pas devoir être aussi vifs que pour la folie héréditaire. La constitution de ce groupe ne vient heurter aucune position acquise et nous mettons à profit les travaux importants sur le délire de persécution (Lasègue, Legrand du Saulle) et sur le délire ambitieux (Foville, Garnier et les nôtres). Si les délires chroniques présentent, au point de vue des idées, des variétés infinies, on retrouve chez tous des caractères communs fondamentaux qui permettent de ne voir là qu'une seule et même maladie à marche régulière, méthodique, offrant dans son évolution successive les quatre étapes bien tranchées que nous connaissons. À la 2ᵉ et à la 3ᵉ période, les délires peuvent beaucoup varier comme couleur chez les différents su-

---

(1) Voir Worbe, *Bull. Soc. de la Fac. de méd. de Paris*, 1815. — Marc, *De l'hermaphrodisme. Dict. des sc. méd.*, 1817, t. XXI. — Larrey, *Bull. Soc. de Chir.*, 21 sept. 1859. — Goujon, *Form. de l'anat. de Robin*, 1869, p. 509. — Magitot, *Nouveau cas d'hermaphrodisme, Bull. Soc. d'Anthrop.*, 2 juin 1881. — Raffegeau, *Anomalies congénitales des organes génitaux*, thèse 1884, p. 385.— Pozzi, *De la bride musculaire du vestibule chez la femme, Comp. rend. et mém. Soc. biol.*, 26 janv., 16 fév. 1884.

jets, suivant l'éducation et le milieu social, mais ils conservent toujours le caractère pénible pour la 2ᵉ période et ambitieux pour la 3ᵉ. A la fin du moyen âge et de la renaissance, on parlait de sorcellerie, d'esprits malins, d'obsessions et de possessions diaboliques : le délire n'était que le reflet de ces croyances, de ces préjugés que l'ignorance rendait encore plus profonds ; à la fin du XVIIIᵉ siècle, le mesmérisme et le fluide magnétique ; plus tard, le spiritisme avec ses esprits frappeurs, ses tables tournantes faisaient partie de l'arsenal du persécuté. De nos jours, les luttes politiques, les grandes forces naturelles, le magnétisme, l'électricité, les applications nombreuses des agents physiques et chimiques, ont remplacé le merveilleux, attirent l'attention et deviennent le point de départ des idées délirantes. Les démonopathes, les lycanthropes ne sont autres que des persécutés, mais, tandis que le diable, les sorciers, les esprits malins tourmentent les premiers, les persécutés du jour sont tourmentés par les jésuites, les francs-maçons, les sergents de ville ; ou bien encore, c'est l'électricité, le magnétisme, le téléphone qui les offensent.

Le tableau suivant montre l'évolution du délire chronique, avec ses quatre périodes. On peut y voir indiqués sommairement les éléments de délire que le malade peut emprunter à son milieu social, à son éducation, etc.

DÉLIRE CHRONIQUE (QUATRE PÉRIODES).

Couleur du délire suivant l'éducation et le milieu social.

1° Période d'incubation, passe généralement inaperçue.			1° Inquiets
2° Systématisation commençante. Préoccupations pénibles. Délire de persécution.	Démonopathes. Possédés. Ensorcelés. Damnés. Lycanthropes.	Electrisés, magnétisés. Empoisonnés. Mouchardés. Volés, ruinés.	2° Persécutés.

3º
Systématisation de plus en plus accentuée.

Démonolâtres.

Théomanes { Dieu, St-Esprit, Christ, Ste-Vierge

Délire des grandeurs stéréotypé.

Antéchrist, Jeanne d'Arc, Prophètes.

Mégalomanes { Empereurs, Rois, Députés, Présidents de République, Millionnaires.

Réformateurs, Inventeurs.

} 3º Ambitieux.

4º
Période terminale ou de dissolution.

} 4º Déments.

A la période de persécutions, on voit succéder, tantôt progressivement, lentement, sans transition brusque, tantôt brusquement, le terrain étant préparé, sous l'influence d'une hallucination (le malade s'entend dire qu'il est le roi d'Espagne), une période ou le persécuté devient ambitieux, et l'on voit alors peu à peu le démonopathe de la veille devenir le théomane du lendemain ; le mouchardé de la veille devenir le chef d'état du lendemain. Avec la mégalomanie, le délire religieux, la théomanie, etc., tout est confusion et le pronostic reste incertain. L'important n'est pas de savoir si le sujet est théomane ou mégalomane, s'il est Dieu, ou roi, ou président de la République, mais de savoir comment il l'est devenu ; de bien établir la marche de la maladie, de savoir si le Dieu ou le roi avant d'arriver à cette suprême puissance n'a pas eu à subir des vexations ou de nombreux tourments. Ce puissant, d'abord persécuté, se range dans le délire chronique, et, pour le clinicien, cela signifie incurabilité. Au contraire, le potentat devenu grand, sans épreuves préalables, se range dans le groupe des dégénérés et l'accès délirant est le plus souvent curable.

Voici deux observations fort intéressantes aux différents points de vue que nous venons de signaler et qui permettront l'étude comparative de ces deux ordres de faits. Elles méritent en outre d'être rapprochées pour une autre raison. Ces deux malades sont la mère et la fille. La mère, atteinte de délire chronique, est malade depuis plusieurs années ; son délire s'est reproduit en partie chez sa fille. Voilà un délire à deux. Les deux malades sont persécutées, mais l'une, la mère, a un délire systématisé, elle est frappée d'incurabilité ; l'autre, faible d'esprit, guérira de ses idées de persécution, qui n'ont que de faibles attaches et qui se sont développées rapidement, sans incubation préalable.

Obs. IX. — *Délire chronique : hallucinations ; troubles de la sensibilité générale; idées de persécution; systématisation; vocabulaire spécial.*

Mme L..., âgée de 52 ans, est entrée à l'Admission le 26 octobre 1886, le même jour que sa fille, une faible d'esprit, qui s'est faite en partie l'écho du délire de sa mère. D'après son dire, il y a trois années qu'elle est persécutée. C'est du moins à cette époque que semblent remonter les premières hallucinations qui ont servi à l'édification du délire. Notons qu'elle se sert d'un vocabulaire tout à fait spécial, qu'il n'est pas rare de rencontrer en pareil cas.

Elle raconte qu'au mois de septembre 1883, en huit jours, elle est devenue tout enflée ; ses intestins tournaient ; elle était obligée de tenir son ventre avec ses mains et elle éprouvait des étourdissements. Tous ces phénomènes sont survenus sous l'influence de mauvaises odeurs, d'*engains* qu'on lui a envoyés par ses portes et par ses fenêtres. Celui qui « *exerçait sur elle* » était un individu en blouse bleue, qui accompagnait un âne et qui stationnait auprès d'un puits devant ses fenêtres. C'est lui qui lançait les odeurs, sans avoir l'air de rien ; il lui a lancé tant d'*engains* qu'il s'en est lui-même rendu malade. Au commencement, l'odeur n'était pas désagréable ; c'était une odeur qui chauffait, qui brûlait ; puis cela sentait l'eau de Javel. A la même époque, sa fille sentit aussi de mauvaises odeurs, qu'on lui envoyait par la porte de l'écurie.

Pendant ce temps, des enfants passaient dans la rue et elle leur entendait dire : « *Elle va tomber par les odeurs qu'on lui envoie.* » A ce moment, elle a entendu une dame qui passait dire à la propriétaire : « *C'est des vers.* » La propriétaire répondit : « *de terre,* » puis elle ajouta : « *J'ai une langue de bœuf.* » Cela voulait dire que tout ce qu'on lui lançait avec les odeurs devait tourner en « *vers.* » Six mois avant ces événements, elle raconte qu'elle s'est trouvée malade, comme paralysée, et qu'elle fut prise de tremblements pendant une demi-heure. Elle pensa que ces tremblements étaient dus à quelque chose que des inconnus avaient mis dans ses aliments. Depuis, en effet, elle a éprouvé une semblable indisposition; elle s'est bien doutée qu'on avait mis quelque chose dans son vin; elle s'est sentie toute froide. Depuis ses hallucinations de l'odorat, la malade a échafaudé un délire systématisé dont la base est constituée par ses hallucinations. Au moment où elle a senti des *engains*, la malade a entendu, dit-elle, un « *résonnement* » dans son oreille, et, à partir de ce moment, son « *heure* » lui a été enlevée. Quelqu'un lui a dit : « On t'a pris ton *heure*. » Le mot « heure » ne désigne pas ici la mesure du temps; il est détourné de son sens par la malade, qui paraît désigner ainsi sa personnalité, ainsi qu'il ressort des explications suivantes : « Chaque personne a son *heure*, dit-elle. Quand on n'a pas de *résonnements* dans les oreilles, c'est que l'on a son heure; moi je n'ai plus mon heure; on me l'a prise depuis qu'on m'a lancé des *engains*; je sais que je ne m'appartiens plus, je n'agis plus par moi-même. Grâce à mon heure, qu'on m'a enlevée, les commerçants, par exemple, sont instruits de ce que je vais acheter. Quand j'entre dans la boutique, je m'en aperçois bien; ils ont des intelligences avec les personnes présentes quand j'arrive et ils disent, quand je fais ma commande : « *C'est bien ça.* » Ce qui prouve bien qu'ils savaient ce que j'allais acheter. »

Toutes ces influences extérieures qu'elle subit constituent ce qu'elle appelle « *un article de commerce.* » C'est un article de commerce qu'on fait agir sur elle. Cet article, c'est « *l'unification de l'heure, l'heure honorifique.* » Cela ne lui a pas été dit de vive voix; certaines personnes le lui ont seulement fait comprendre. Dans la rue de la Banque, elle a vu des gens tirer leur montre et regarder l'heure à un cadran; cela voulait dire qu'on lui avait enlevé sa « *montre.* » Le mot montre est également détourné de son sens, et, pour la malade, il possède le même sens que le mot heure. Il désigne qu'on lui a enlevé quelque chose qui était à elle, qui était sa propriété. Un peu plus tard, dans la rue de Clichy, elle a entendu des gens qui disaient : « *Ils ne sont guère généreux, ces messieurs qui lui ont enlevé sa montre.* » Quand on passe devant un bec de gaz ou devant une lumière de commerçant et qu'on la voit vaciller, c'est qu'il y a quelqu'un de malade dans la société. Enfin, il y a deux mois, sur le boulevard de l'Opéra, un jeune homme, conforta-blement mis, lui a dit en passant, sans en avoir l'air : « *On va le sucer le bouton.* » Cette dernière hallucination devait jouer son rôle dans l'épisode qui a déterminé l'entrée de la malade à l'Asile. Le 25 octobre dernier, elle se promenait avec sa fille, boulevard Haussmann. Celle-ci remarque qu'un sergent de ville avait eu des intelligences avec deux dames qui se trouvaient à côté d'elle et qui l'ont toisée de la tête aux pieds. La malade, à son tour, remarque que le même sergent de ville la regarde en pleine figure, en tournant un bouton de son habit; c'était un signe qui n'était pas *propret* (propre) et qui lui rappelait son hallucination du boulevard de l'Opéra. La malade raconte à sa fille la remarque qu'elle a faite au sujet du sergent de ville; toutes deux s'éloignent, mais la fille en s'éloignant secoue ostensiblement ses jupes, en signe de dédain et découvre une partie de ses jambes. L'agent de police entraine la mère et la fille au commissariat d'où elles sont conduites au Dépôt.

OBS. X. — *Débilité mentale. Tics de la face. Rires irrésistibles. Perversions morales. Idées de persécution.*

B... (Maria), fille de la précédente, est entrée à l'Admission le 27 octobre 1886, le même jour que sa mère, avec qui elle vivait. Celle-ci, atteinte de délire chronique, a agi, par son délire, sur l'esprit faible de sa fille, mais d'une façon peu active. Si celle-ci a partagé quelques-unes des hallucinations et des idées de persécution de sa mère, elle avait, par elle-même, et depuis longtemps. créé des idées délirantes.

Elle a été arrêtée avec sa mère dans les circonstances suivantes : celle-ci en proie à son délire, s'était imaginée qu'un agent de police, en touchant un bouton de son habit, faisait, à son adresse, des allusions malpropres (hallucinations auditives antérieures). Elle communique à sa fille son impression et celle-ci, voulant exprimer son dédain, relève naïvement ses jupes, assez haut pour découvrir les jambes. Dans son idée, elle disait : « *Tiens, grand benêt, si tu me regardes, regarde mon derrière.* » Elle est arrêtée et internée.

Sa physionomie manque de toute expression. Il existe une asymétrie faciale des plus prononcées. La face est animée, à certains moments, de tics dont la malade n'a aucune idée.

L'état mental est celui d'une débile bien proche de l'imbécile. Malgré son âge, B... a conservé une naïveté enfantine, qu'elle accuse elle-même : « J'ai le caractère enfantin, je n'ai pas de défense, je me laisse prendre. » Elle n'est susceptible d'aucune attention soutenue ; quand elle sort de chez elle, il lui arrive souvent d'oublier le motif pour lequel elle est sortie. Quand on lui parle, elle comprend assez difficilement ce qu'on lui demande ; elle commence à répondre correctement, puis elle perd le fil de l'idée et se répand en un discours long, confus, incompréhensible, tout plein de sous-entendus, exprimant très bien qu'elle ne sait pas au juste ce qu'elle veut dire. Mise au couvent, dans son enfance, elle sait lire et écrire. Mais un peu plus tard il lui a été impossible d'apprendre un métier, malgré tous ses efforts. Elle n'a jamais pu servir que de journalière et s'est quelquefois placée comme domestique. Son incapacité absolue, mais aussi son état mental avec ses bizarreries que nous rapportons ci-après, l'ont toujours fait renvoyer. Il arrivait même souvent qu'on ne lui payait pas le service rendu, ce qui devenait le point de départ de préoccupations délirantes. Elle a toujours vécu dans la misère, en compagnie de sa mère qui, grâce à son état mental d'abord, puis à son délire, se trouvait dans l'impossibilité de trouver du travail. Toutes deux recueillaient parfois des aumônes; d'autres fois, elles les repoussaient avec fierté; le reste du temps, elles vivaient de l'argent qu'envoyait le fils B... De bonne heure se révèle un certain degré de perversion morale qui s'accentue plus tard et qui s'accompagne d'un état à peu près complet d'inconscience relative aux actes accomplis. A l'école, elle se livre à l'onanisme. Aujourd'hui, en raison de sa tendance très nette à mentir, elle ne veut pas avouer qu'elle était coutumière de l'onanisme réciproque, mais la nature de ses réponses permet de le supposer. A quinze ans, elle laisse pratiquer naïvement *par son père* des attouchements réitérés sur elle-même. « Un jour, dit-elle, je dormais, mon père est entré dans ma chambre; il a relevé mes draps, puis ma chemise, et il a mis ses mains sur mes seins, puis il m'a dit de venir coucher dix minutes avec lui. Ma mère m'avait dit de faire tout ce que mon père voudrait. Je me suis levée et je suis allée coucher avec mon père; je ne savais pas ce qu'il voulait; il m'a encore mis la main aux seins. Quand j'ai vu ça, ça m'a semblé drôle, et j'ai dit : « C'est cochon, » et je me suis sauvée. » Quelques jours après, il est revenu, il était en chemise; il m'a dit, en me montrant son derrière : « Je crois que j'ai une puce. » Je crois que c'était pour me narguer. Je suis partie, je ne l'ai jamais revu depuis. Chaque fois que je me suis présentée chez lui, il n'a pas voulu me recevoir. » A partir de dix-huit à vingt ans, elle se prostitue, d'abord naïvement, puis, après avoir vu qu'elle gagnait de l'argent de cette façon, elle se prostitue pour vivre. Mais jamais elle n'a fait le commerce de la vulgaire prostituée; elle ne provoquait pas les hommes. Quand elle était dans le besoin, elle se laissait entraîner volontiers. Elle raconte ces faits avec une certaine ingénuité. « On me disait dans la rue que j'étais gentille; des messieurs me parlaient et m'emmenaient avec eux et me donnaient de l'argent. J'étais portée pour les étrangers; c'était souvent avec des Anglais. Un monsieur avec qui j'ai passé toute une nuit, m'a donné 100 francs. Je me faisais toujours payer d'avance. » Il y a trois ans, elle se livre à un jeune homme qu'elle avait rencontré aux Folies-Bergères, et elle reste avec lui deux ans et demi. « Elle croyait que c'était pour la vie, il le lui avait dit. » Quand on lui parle de sa vie de prostitution d'autrefois, elle répond : « Si j'étais jeune, ça pourrait encore me tenter, si j'avais besoin d'argent. » Des phénomènes d'une autre nature se sont révélés de bonne heure. B... a des rires involontaires. Parfois sa physionomie s'anime d'un sourire pendant une conversation très sérieuse, ou bien elle part d'un fou rire. « Ça a toujours été mon défaut, dit-elle, on me l'a toujours reproché. » « Il y a des jours où je suis sans cesse obligée de me retenir, sans quoi je partirais d'un éclat de rire ; dans les commencements où j'étais ici, je ne riais pas ; depuis quelques jours, je me sens portée à rire. » Un jour que je l'avais fait appeler pour l'interroger, je la vois entrer en riant très fort. « En ce moment, je ris, dit-elle, mais je sens que ce n'est pas de bon cœur, je ne sais pas pourquoi. Je ris, mais je ne pense pas que je ris ; je n'en sais rien, si je ris. »

De tout temps, les rires ont existé. Un jour, en Angleterre, dans une maison où elle était domestique, elle servait à table. Elle venait d'entrer avec un plat, lorsque tout à coup elle part d'un bruyant éclat de rire, au grand scandale des Anglais qu'elle servait. « J'ai tellement ri ce jour-là que je ne pouvais plus me retenir. » Et pourtant on n'avait dit aucune plaisanterie ; elle ne pensait à rien de gai, elle n'avait rien entendu, ni rien vu, si ce n'est les convives qui causaient froidement entre eux. Elle ne s'est jamais expliqué cet éclat de rire. D'autres fois, le rire était motivé ; elle avait le rire réflexe très prompt. Dans la rue, quand elle entendait des gens lui dire qu'elle était gentille, elle partait d'un éclat de rire bruyant nullement en rapport avec l'impression qu'elle ressentait.

En opposition avec ces rires, il lui arrivait souvent d'être triste ; mais cette tristesse était motivée en partie par sa misère. Quelque temps avant son entrée, manquant de travail, elle devint triste, angoissée, au point que l'idée de se jeter par la fenêtre lui passa par la tête : « Mais je me suis dit que je me ferais du mal, que je me casserais peut-être la tête, et cela m'a arrêtée. » Sur un pareil état mental se sont greffées facilement des idées délirantes. Celles-ci sont de deux espèces : les unes, les plus nombreuses, sont créées de toutes pièces par la malade ; les autres sont empruntées par celle-ci à sa mère. Elle a toujours eu des idées de persécution, parfois même très actives et s'accompagnant d'hallucinations, surtout depuis quelques années. Ne pouvant trouver de l'ouvrage, pas plus que sa mère, elle suppose qu'on les empêche d'en trouver ; mais tandis que sa mère pense que c'est parce qu'on lui a pris son *heure*, elle croit simplement que c'est parce que l'on connaît ses relations avec un jeune homme qui l'a quittée. « Ils doivent le savoir ou le supposer. » Toujours est-il que pendant qu'elle était avec lui, il y a trois ans, on la persécutait : « On était jaloux de moi, on me faisait des misères, comme on en fait à peu près à tout le monde. La concierge disait que je faisais la vie ; elle ne le disait pas ouvertement, mais je le voyais bien à ses airs ; il fallait que je lui donne cent sous tous les mois pour qu'elle ne me fasse pas de méchancetés. Elle avait fait courir le bruit que j'étais enceinte, mais pas dans le monde ; elle me lançait ça quand je passais auprès d'elle pour sortir. Elle disait : « ça y est. » Cela a toujours été ainsi ; chaque fois que je sors d'une maison, je suis assaillie par une foule de gens qui sont jaloux de moi. » Depuis ce temps, dans la rue, elle voyait les gens la regarder et dire : « Manger et faire ça. » Ces allusions blessantes, ces mauvais propos lui ont fait perdre son prestige de femme et on l'empêche ainsi de trouver de l'ouvrage.

Voilà pour le délire créé par la malade elle-même. Voici maintenant les idées communes à sa mère et à elle. Depuis longtemps, elles voient, toutes deux, dans les rues, les hommes porter ostensiblement la main à leur brayette. La mère dit souvent : « Sont-ils sales, toujours ça, encore ça. » La fille croit que c'étaient ces manœuvres qui les empêchaient de trouver de l'ouvrage.

La fille n'a jamais rien compris au thème principal du délire de sa mère ; elle ne soupçonne pas que sa mère délire ; elle trouve qu'elle a des idées singulières. Elle ne sait pas ce que c'est que *l'engain*, pas plus que *l'heure honorifique*, ou bien *l'article de commerce*. Mais elle a senti comme sa mère les odeurs qu'on leur lançait. Cependant, un fait à noter, c'est qu'elle ne les a senties que quand sa mère les lui a fait remarquer. Celle-ci reprend dans ce cas le rôle actif qu'elle a toujours conservé. Elle se mêle encore au délire de sa mère quand celle-ci croyant entendre sur les boulevards des propos obscènes lui demande : « As-tu entendu ? » et que la fille répond : « Je crois bien que tu as raison. » Elle répète, en outre, ce que vient de dire sa mère et elle s'est même demandée, ajoute-t-elle, si c'était adressé à sa mère ou à elle-même. Quand aux autres injures grossières entendues par la mère, une partie a été également entendue par la fille ; mais il paraît certain que ces injures, entendues par les deux malades : « La mère Galibi, les deux Galibis, » sont réelles et étaient prononcées par des gamins qui plaisantaient leur tenue misérable. Les antécédents héréditaires de B... sont suffisamment indiqués par ce qui précède. Le *père* s'est livré à des attouchements deshonnêtes sur sa propre fille ; ces faits indiquent sa perversité morale. Depuis vingt ans, d'ailleurs, il a abandonné sa femme et sa fille et n'a plus donné de ses nouvelles. La *mère* est atteinte de délire chronique.

Tels sont constitués les deux premiers groupes cliniques qui figurent depuis 1882 dans notre classification des maladies mentales. Un autre groupe, celui des folies intermittentes, est le dernier sur lequel nous ayons quelques mots à dire ; les autres formes mentales sont admis par la plupart des auteurs.

Les intermittents.

Les folies intermittentes comprennent différents groupes morbides déjà décrits à part, mais dont la description séparée ne se justifie pas, en raison de leurs caractères généraux communs. Falret : Folie circulaire (intermittence entre un accès de manie et un accès de mélancolie) ; — Baillarger : Folie à double forme (accès de manie, puis de mélancolie, suivis d'une intermittence). — Delaye : Folie alterne (longue intermittence entre la manie et la mélancolie).

Voici en résumé les éléments importants des folies intermittentes.

Comme étiologie, elles tiennent de l'hérédité plus que le délire chronique ; elles s'intercalent entre les deux groupes. Par suite, l'influence des causes déterminantes étant justement en raison inverse de celle des causes prédisposantes, les causes les plus légères peuvent présider à leur développement (puerpéralité, excès, fatigues, etc.). Quand le malade paraîtra faire lui-même les frais de l'accès (cause occasionnelle à peine appréciable), il faudra s'attendre aux rechutes : l'accès actuel guérira, mais il se reproduira.

La répétition des accès, *quelle que soit leur forme* (manie ou mélancolie), est le phénomène le plus important au point de vue du pronostic. Les accès de plus en plus rapprochés impliquent un pronostic de plus en plus grave. Il en est de même de la durée des accès qui s'accroît à mesure que l'intermittence diminue.

Dans l'intervalle des accès, le malade reprend possession *intégralement* de ses facultés ; mais, à la longue, par suite des progrès de l'âge et surtout par l'accumulation successive des accès, l'intelligence baisse ; dès lors, le pronostic est tout à fait grave : la démence terminale est proche. Un abaissement mental, quelque faible qu'il soit, est un phénomène grave, et l'on jugera de la portée intellectuelle, non seulement par l'examen des facultés intellectuelles, des sentiments et des penchants, mais aussi par le caractère même du délire qui perd son activité, sa coordination, sa systématisation, en raison même du degré de déchéance intellectuelle. Vers cette époque, il n'est pas rare de voir surgir plus particulièrement des idées hypochondriaques et ambitieuses avec un certain degré d'incohérence, comme chez toutes les intelligences affaiblies. L'invasion de l'accès est rapide, brusque. Sa forme est très variable. On observe les combinaisons de la manie et de la mélancolie les plus inattendues chez le même malade (double forme, forme circulaire, alterne, etc.). Enfin, très souvent, les accès homologues se ressemblent, ils affectent le même mode de début, les mêmes phénomènes symptomatiques se reproduisent dans la marche ; le mode de terminaison est le même ; et celle-ci est ordinairement brusque.

Nous ne saurions mieux comparer la folie intermittente, dans ses manifestations variées, qu'à la diathèse rhumatismale, avec ses manifestations multiples. Le rhumatisant comme l'intermittent, après une première manifestation de son état diathésique, revient à la santé et rien ne traduit au dehors la disposition maladive qui, à la suite de causes nouvelles, même très légères et parfois même sans cause appréciable, se traduit chez l'un par une arthrite et chez l'autre par un accès délirant.

Après la revue rapide que nous venons de faire de la folie héréditaire, des folies intermittentes et du délire chronique, il nous est facile maintenant de constituer, sur cette base clinique, notre classification des maladies mentales.

CLASSIFICATION DE M. MAGNAN (1882).

États mixtes tenant de la pathologie et de la psychiatrie.

Paralysie générale.
Démence sénille (athé-
   rome cérébral).
Lésions cérébrales } Ramollissement.
   circonscrites } Hémorrhagie.
(aphasie par ex.. .). } Tumeurs, etc., etc.
Hystérie.
Épilepsie.

Alcoolisme } Absinthe.
   et } Morphine et opium.
intoxications. . . . . } Verdet.
} Seigle ergoté.
} Plomb, etc.
Crétinisme.

Folies proprement dites.— Pyçhoses.

Manie. . . . . } Éléments simples.
Mélancolie . . . . . }

Délire chronique. . } Incubation.
} Persécution.
} Ambition.
} Démence.

Folies intermittentes. } Simple.
} Circulaire.
} Double forme.
} Alterne.

Folie des dégénérés avec les syndromes épisodiques et les délires d'emblée (primaires).

Idiots, imbéciles, débiles, déséquilibrés.

Comme nous le disions au début, il s'opère en ce moment un grand mouvement dans le monde des aliénistes ; on désire s'entendre et la classification que nous venons de présenter semble rallier en France beaucoup de suffrages.

D'autre part, si vous jetez un coup d'œil sur les classifications suivantes, vous serez surpris de l'évolution considérable opérée par l'un des aliénistes allemands les plus distingués, le Dr Schüle, de 1878 à 1886.

CLASSIFICATION DU Dr SCHÜLE (1878).

I. — *États de défectuosité congénitale et de dégénérescence.*

1° États de défectuosité proprement dite :

    A. Microcéphalie.
    B. Idiotisme.

2° États de dégénérescence terminant :

    A. La folie héréditaire : folie impulsive, folie morale.
    B. Les grandes névroses, hystérie, épilepsie, hypochondrie.
    C. Folie périodique et circulaire.

II. — *Troubles intellectuels chez l'individu à développement organo-physique complet.*

A. — *Les Psychonévroses.*

1° Psychonévroses typiques aiguës ou sub-aiguës, se développant sur une base nerveuse saine et avec troubles vaso-moteurs.

A. Formes primaires.
{ 1° Mélancolie. } Avec forme intermédiaire
{ 2° Manie . . . } de la mélancolie agitée.

B. Formes secondaires
{ 1° Délire systématisé du premier degré (Wahnsinn).
{ 2° Démence (Blödsin).

2° Psychonévroses chroniques se développant sur une base de dégénérescence : délire systématisé du second degré (Verrücktheit :

A. Délire des persécutions primaires.
{ 1° Dépressif.
{ 2° Avec idées de grandeur.

B. Délire systématique du second degré. Sensu-stricto. (Verrücktheit).
{ 1° Forme psycho-convulsive. — Maladie du doute.
{ 2° Forme psycho-cataleptique. — Délire systématisé sensoriel.

B. — *Cérébro-psychoses.*

1° Avec phénomènes d'excitation motrice ; les manies (Manien).

    A. Mania furiosa (avec la manie transitoire).
    B. Mania gravis.
    C. Delirium acutum.

2° Avec tension motrice. Etats d'atonie.

    A. Mélancolie atonique.
    B. Délire systématisé katatonique.
    C. Démence primaire : stupor aiguë et sub-aiguë.

3° Avec parésie progressive, forme typique de la démence para-lytique.

C. — *Cérébropathies. — Paralysies modifiées, image clinique de la démence avec paralysie.*

    A. Méningo-encéphalite chronique et aiguë.
    B. Pachyméningite et hœmatome.
    C. Scléro-encéphalite diffuse avec ou sans symptômes d'irritation.
    D. Encéphalite diffuse avec altération en foyers, points de ramollissement, apoplexie, ectasies capillaires avec foyers miliaires, scléroses multiples.
    E. Encéphalite diffuse, suite de néoplasmes.
    F. Péri-encéphalite chronique avec tabes préexistant des cordons postérieurs, paralysie tabétique.
    G. Atrophie cérébrale primaire avec tabes spinal, démence tabétique.
    H. Encéphalite syphilitique avec troubles psychiques.

En 1878, tout est confusion. M. Schüle accumule dans le groupe des dégénérescences, des états qui, par des caractères généraux fortement accusés, réclament une existence indépendante ; tels sont : l'épilepsie, l'hystérie, les folies périodiques ; nous ne parlons pas de la folie hypochondriaque qui se fond dans le délire chronique et dans les délires dégénérés, comme nous l'avons déjà dit. De plus, on est surpris de trouver la maladie du doute à côté du délire systématisé, constituant une forme psycho-convulsive.

Aujourd'hui tout est changé :

CLASSIFICATION DU Dr SCHÜLE (1886).

I. — *Troubles intellectuels chez l'individu complétement développé.*

1° Troubles du cerveau sain (rüstigen). (Psychonévroses proprement dites :

    A. Mélancolie.
    B. Manie typique. } Avec leurs états secondaires.

2° Troubles du cerveau invalide (invaliden) (cérébro-psychoses).

    A. Les manies graves (furor, mania gravis).
    B. Délire systématisé (Wahnsinn).
    C. Démence primaire aiguë ; stupeur hallucinatoire.
    D. Folies hystérique, épileptique et hypocondriaque, auxquelles se joignent : les folies périodiques, circulaires et alternantes ; les folies, suite d'affections physiques extra-cérébrales (folies fébrile, puerpérale), d'intoxication.

3° Les états d'épuisement pernicieux du cerveau :

    A. Épuisement aigu du cerveau avec danger immédiat. — Délire aigu.
    B. Épuisement chronique avec dégénérescence, paralysie progressive, démence paralytique type.

4° Cérébropathies psychiques : affections résultant de troubles cérébraux organiques sub-aigus ou chroniques, diffus ou en foyer ; paralysies progressives modifiées.

II. — *Troubles intellectuels à base de développement incomplet ou de dégénérescence héréditaire.*

    A. La névrose héréditaire : les folies transitoires.
    B. La folie héréditaire simple : la folie par obsession (folie du doute et du toucher), la folie de la chicane.
    C. Le délire systématique originel (originaire Verrücktheit).
    D. La folie morale (folie dégénérative héréditaire).
    E. L'idiotisme.

Le groupe des dégénérés ressemble à peu près au nôtre ; quant aux autres formes (folies hystérique, épileptique, folies périodiques) qu'il contenait auparavant, elles sont réunies à part, et il suffirait de peu de chose pour leur accorder une plus grande indépendance. En résumé, la classification actuelle de M. Schüle reproduit nos grandes lignes et les deux classifications ne présentent que de légères différences.

Si l'on compare maintenant la classification de Krafft Ebing de 1883 et celle de Schüle de 1878, on voit quelles grandes affinités les rapprochaient, bien que celle du premier soit plus claire : Krafft Ebing comprend deux groupes de maladies mentales, suivant qu'elles atteignent le cerveau normalement développé, ou que celui-ci est frappé d'arrêt de développement. Ce dernier comprend simplement l'idiotie et le crétinisme. Le premier groupe, le plus étendu, le deuxième de Schüle, comprend (voir pour comparer, le tableau de Schüle de 1878) :

A. Les *psychonévroses*, c'est-à-dire les états simples curables (manie et mélancolie) et les états secondaires incurables (Verrücktheit secondaire).

B. Les *dégénérescences psychiques*, a) folie raisonnante, b) folie morale, c) Verrücktheit primitive, d) folies par obsession, e) folies névrosiques (épilepsie, hystérie, hypochondrie), f) folies périodiques.

C. Les *cérébropathies* : démence paralytique, syphilis cérébrale, alcoolisme chronique, démence sénile, délire aigu.

Il est permis d'espérer que dans sa prochaine édition Krafft Ebing ne voudra pas être en retard sur l'évolution essentiellement clinique du Dr Schüle.

Signalons un nouveau pas fait dans ce sens, en 1885, par le Congrès d'Anvers, dont une des commissions a proposé pour la statistique internationale la classification suivante. Nous mettons la nôtre en regard, pour qu'on puisse mieux les comparer.

Classification proposée pour la statistique internationale par la Commission nommée au Congrès d'Anvers de 1885.	Forme correspondante de la classification de M. Magnan (1882).
Idiotie (imbécilité, débilité mentale, crétinisme). . . . . Démence simple (primitive ou consécutive)	Folie des héréditaires.
Manie.	Manie.
Mélancolie	Mélancolie.
Délire (aigu ou chronique, comprenant tous les cas où prédomine un trouble primitif ou consécutif dans les idées	Délire chronique.
Folie morale, comprend en général les folies impulsives, les folies par obsession	Folie des héréditaires.
Folie circulaire	Folies intermittentes.
Aliénations mentales compliquées de :	
Paralysie.	Paralysie générale.
Épilepsie	Épilepsie.
Hystérie	Hystérie.
Tumeurs et foyers cérébraux . .	Lésions circonscrites.
Aliénations mentales par intoxication (Indiquer l'agent toxique).	Alcoolisme et autres intoxications.

Pour terminer, donnons quelques explications sur certains termes techniques que l'on voit employés par les Allemands dans leurs classifications, et qui n'ont pas leur équivalent en français. Ce sont les mots : *Wahnsinn*, et *primäre* et *secündäre Verrücktheit*. Ces explications nous ont été fournies par le Dr Siemerling, médecin assistant de M. le Pr Westphal.

Le mot *Wahnsinn* n'est plus employé que dans la langue juridique. Les expressions *primäre* et *secündäre Verrücktheit* employées par Zeller et Griesinger, remontent à une époque où l'on croyait que chaque *Verrücktheit* procédait forcément d'une mélancolie préexistante. Cette période de mélancolie était *primitive* (*primäre*), et la *Verrücktheit* était secondaire, d'où sa dénomination *secundäre Verrücktheit*. Mais comme il y avait une série de cas dans lesquels il n'existait aucun stade mélancolique, on a choisi pour eux la dénomination de *primäre Verrücktheit.* On s'est long-temps servi de ces expressions, mais elles sont tombées en désuétude, et elles ont été remplacées par la simple dénomination de *Verrücktheit (Paranoia).* Les symp-tômes qui constituent la *Verrücktheit* sont essentielle-ment ceux-ci : toujours il s'agit d'hallucinations et d'idées délirantes dans le sens le plus étendu de ces mots. D'après l'invasion plus ou moins rapide et la du-rée plus ou moins longue de la maladie, on a distingué la *Verrücktheit* en *aiguë* ou *chronique.* En résumé, la *Verrücktheit* des Allemands correspond « au délire chronique ou aux monomanies des Français. » Ces mots placés à dessein entre guillemets, nous montrent que les Allemands n'ont pas encore conçu exactement l'évo-lution de notre délire chronique, puisqu'ils le confon-dent en partie avec les monomanies que nous n'admet-tons plus isolées, et qui se rangent pour la plupart dans le groupe des dégénérescences mentales.

PARIS. — IMP. V. GOUPY ET JOURDAN, RUE DE RENNES, 71.